현석샘과 새벽달이 함께하는

낭독하는 명연설문

BOOK·1

이현석 · 새벽달(남수진) 지음

차 례

동영상 QR 코드를 인식하여 이현석, 새벽달 선생님이 직접
이 책에 대한 소개와 활용법을 설명하는 영상을 확인해 보세요!

이 책은 이렇게 만들었어요!

1

QR 코드를 인식하여 **연설 영상**을 시청해 보세요.

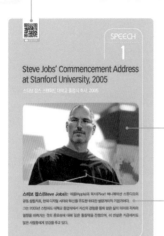

교훈과 영향력 등을 고려하여 선별한
6개의 명연설문을 이 책에 담았습니다.

시작하기 전에 연설가에 대한 **소개**와
연설 내용에 대한 간단한 **요약문**을 읽어 보세요.

2

각 연설문의 주요 내용을 **4개의 파트**로 나누어 수록했습니다.

주요 **표현**의 뜻과
핵심 패턴을 예문과
함께 정리했습니다.

각주를 참고하면 연설문의 내용을 더 깊이 있게 이해할 수 있습니다.

3

이현석 선생님의 **강세와 청킹 가이드**에 맞춰 더욱 유창하게 낭독해 보세요.

낭독용 오디오를
이현석, 새벽달
선생님의 목소리로
들어 보세요.

번역도 확인해 보세요! **한국어 낭독**을 하는 것도 좋습니다.

4

기억하고 싶은 문장을 **필사 노트**에 나만의 손글씨로
기록해 보세요. 명연설문의 진한 감동과 여운을
오래 간직할 수 있습니다.

위에서 기록한 내용을 조금 더 확장해서 생각해
보세요. 다른 사람과 의견을 주고 받는 것도
좋습니다.

▶ 연설 영상

Steve Jobs' Commencement Address at Stanford University, 2005

스티브 잡스 스탠퍼드 대학교 졸업식 축사, 2005

스티브 잡스(Steve Jobs)는 애플(Apple)과 픽사(Pixar) 애니메이션 스튜디오의 공동 설립자로, 현대 디지털 시대의 혁신을 주도한 위대한 발명가이자 기업가이다.

그는 2005년 스탠퍼드 대학교 졸업식에서 자신의 경험을 통해 얻은 삶의 의미와 각자의 열정을 따라가는 것의 중요성에 대해 깊은 통찰력을 전했으며, 이 연설은 지금까지도 많은 사람들에게 영감을 주고 있다.

스티브 잡스 스탠퍼드 대학교 졸업식 축사

I **am honored to** be with you today at your **commencement** from **one of the finest universities** in the world. Today I want to tell you stories from my life.

The first story is about **connecting the dots.** I **dropped out** of Reed College[1] after the first 6 months, but then stayed around as a **drop-in** for another 18 months or so before I really **quit.** So why did I drop out? I couldn't **see the value in** it.

Reed College **at that time** offered perhaps the best calligraphy[2] instruction in the country. Because I had dropped out and didn't have to **take the normal classes**, I decided to take a calligraphy class to learn how to do this. It was beautiful and I **found it fascinating.**

---

1 Reed College 리드 대학교. 미국 오리건주 포틀랜드에 위치한 사립 대학교. 이곳의 신입생들은 반드시 인문학 수업을 들어야 하는데, 스티브 잡스는 영문학을 한 학기동안 공부하다 중퇴한 후 듣고 싶은 교양 위주의 강의를 청강하며 지냈다.
2 calligraphy 캘리그래피. 글씨나 글자를 아름답게 쓰는 기술.

연설 음원

be honored to ~하게 되어 영광이다

commencement 졸업식

one of the finest universities
가장 좋은 대학 중 한 곳

drop-in 청강생

quit (학교 등을) 그만두다

see the value in ~에서 가치를 인지하다

at that time 그 시점에

take the normal classes
정규 수업을 수강하다

find something fascinating
~을 대단히 흥미롭다고 여기다

핵심 패턴 연습

- **connect the dots** 점들을 이어가다, 사건들의 연결 고리를 찾다

  She looked at the evidence and **connected the dots** to discover the secret.

  그녀는 비밀을 발견하기 위해 증거를 살펴보고 점들을 이어갔다.

  By **connecting the dots**, he understood how his actions affected his friends.

  점들을 이어감으로써, 그는 자신의 행동이 친구들에게 어떤 영향을 미쳤는지 이해했다.

- **drop out** 중퇴하다

  He had to **drop out** of school because of his family's situation.

  그는 자신의 가정사 때문에 학교를 중퇴해야 했다.

  She decided to **drop out** and start her own business.

  그녀는 중퇴하고 자신만의 사업을 시작하기로 결정했다.

⁄ 끊어 읽기　**◉** 강세 넣기

I am **ho**nored **/** to be with you to**day** **/** at your com**men**cement **/** **/** from **one** of the **fin**est uni**ver**sities **/** in the **world**. **/** To**day** **/** I **want** to **tell** you **stor**ies **/** from my **life**.

The **first stor**y **/** is about con**nec**ting the **dots**. **/** I dropped **out** of **Reed** College **/** after the **first** 6 **months**, **/** but then stayed a**round** as a **drop**-in **/** for a**no**ther 18 **mon**ths or so **/** be**fore** I **real**ly **quit**. **/** So **/** **why** did I drop **out**? **/** I **couldn't** see the **val**ue in it.

Reed College at **that** time **/** of**fered** **/** per**haps** the **best** **cal**ligraphy in**struc**tion **/** in the **coun**try. **/** Because I had dropped **out** **/** and **didn't** have to **take** the **nor**mal **class**es, **/** I de**cid**ed to **take** a calligraphy **class** **/** to **learn** how to **do** this. **/** It was **beau**tiful **/** and I **found** it **fas**cinating.

전 세계에서 가장 훌륭한 대학 중 한 곳의 졸업식에 여러분과 함께할 수 있어 매우 영광입니다. 오늘 저는 제 인생 이야기를 여러분에게 들려 드리고자 합니다.

첫 번째 이야기는 '점들을 이어가는 것'에 대한 이야기입니다. 저는 리드 대학교를 다닌지 6개월만에 중퇴했지만, 그 이후로도 18개월 정도 더 학교에 남아 청강생 신분으로 지냈습니다. 그러면 제가 왜 중퇴를 했을까요? 저는 그 안에서 가치를 발견하지 못했기 때문입니다.

당시 리드 대학교는 아마도 미국 내에서 가장 뛰어난 캘리그래피 과정을 제공하는 학교였습니다. 학교를 중퇴해서 정규 수업을 들을 필요가 없었기 때문에, 저는 캘리그래피를 배우기 위해 수업을 듣기로 했습니다. 캘리그래피는 정말 아름다웠고, 저는 그 세계에 매료되었습니다.

스티브 잡스 스탠퍼드 대학교 졸업식 축사

If I had never dropped out, I would have never **dropped in on** this calligraphy class, and personal computers might not have the wonderful typography[1] that they do. Of course, it was impossible to connect the dots looking forward when I was in college. But it was very, very clear looking backward 10 years later.

You can't connect the dots looking forward; you can only connect them looking backward. So you have to trust that the dots will somehow connect in your future. You have to trust in something—your gut, destiny, life, karma[2], whatever. This approach has never let me down, and it has **made all the difference** in my life.

---

1 typography 타이포그래피. 가독성을 높이거나 더 보기 좋게 디자인한 문자.
2 karma 카르마 또는 업보. 과거에 저지른 행동으로 말미암아 현재에 되돌려 받는 결과.

주요 표현 확인

drop out 중퇴하다
look forward 앞날을 내다보다
be in college 대학에 다니다
look backward 돌이켜 보다
somehow 어떻게든

trust in something 무엇인가를 믿다
gut 직감
destiny 운명
have never let someone down
~을 실망시켜 본 적이 없다

핵심 패턴 연습

• **drop in on** 청강하다

She likes to **drop in on** different clubs to find her interest.
그녀는 자신의 관심사를 찾기 위해 다양한 동아리에서 청강하기를 좋아한다.

He decided to **drop in on** the class to learn how to paint.
그는 그림 그리는 법을 배우기 위해 그 수업을 청강하기로 결정했다.

• **make all the difference** 성패를 좌우하다

Recycling bottles and cans will **make all the difference** in saving our planet.
병과 캔을 재활용하는 것은 지구를 구하는 데 성패를 좌우할 것이다.

Paying attention to the small details will **make all the difference**.
미세한 세부 사항에 주의를 기울이는 것이 성패를 좌우할 것이다.

If I had **ne**ver dropped **out**, / I would have **ne**ver dropped **in** /
on this cal**li**graphy **class**, / and **per**sonal com**pu**ters / might **not**
have the **won**derful ty**po**graphy / that they **do**. / Of **course**, /
it was im**pos**sible / to con**nect** the **dots** looking **for**ward /
when I was in **col**lege. / But it was **very**, / **very clear** / looking
backward **10** years **la**ter.

You **can't** con**nect** the **dots** / **look**ing **for**ward; / you can **on**ly
con**nect** them / **look**ing **back**ward. / **So** you **have** to **trust** /
that the **dots** / will **some**how con**nect** / in your **fu**ture. / You
have to **trust** in something / —your **gut**, / **des**tiny, / **life**, /
karma, / **what**ever. / **This** ap**proach** / has **ne**ver let me **down**, /
and it has **made** / **all** the **dif**ference in my **life**.

제가 학교를 중퇴하지 않았다면, 캘리그래피 수업을 청강할 일도 없었을 것이고, 개인용 컴퓨터가 지금처럼 멋진 타이포그래피를 갖추게 되지도 않았을 것입니다. 물론, 제 대학 시절에는 제 미래를 예측하면서 그 점들을 이어 보는 것이 불가능했습니다. 하지만 10년이 지난 후 과거를 돌아보니 모든 것이 매우, 매우 명확해졌습니다.

여러분은 앞을 내다보며 지나간 점들을 이을 수는 없습니다. 오직 과거를 돌아보며 그 점들을 이을 수 있습니다. 그러므로 여러분들에겐 그 점들이 미래에 어떻게든 연결될 것이라는 믿음이 있어야 합니다. 그것이 직감이든, 운명이든, 인생이든, 업보이든, 무엇이든 간에, 여러분은 그것에 대한 믿음이 있어야 합니다. 이러한 접근 방식은 저를 결코 실망시킨 적이 없으며, 제 인생의 성패를 좌우했다고 해도 과언이 아닙니다.

스티브 잡스 스탠퍼드 대학교 졸업식 축사

My second story is about love and loss. Woz[1] and I started Apple **in my parents' garage** when I was 20. We **worked hard**, and in 10 years, Apple had grown from just the two of us in a garage into a $2 billion company with over 4,000 employees. We had just **released our finest creation**—the Macintosh[2]—a year earlier, and I had just **turned 30**. And then I **got fired**.

I didn't see it then, but it **turned out** that **getting fired from** Apple was the best thing that could have ever happened to me. Sometimes **life hits you in the head with a brick**. Don't **lose faith**. **I'm convinced that** the only thing that **kept me going** was that I loved what I did.

Your work is going to **fill a large part of your life**, and the only way to **be truly satisfied** is to do what you believe is great work.

---

1 **Woz** 스티브 워즈니악(Steve Wozniak)의 애칭. 스티브 워즈니악은 애플의 공동 창립자로, 스티브 잡스와 함께 개인용 컴퓨터 산업에 혁신을 가져왔다.

2 **Macintosh** 매킨토시. 애플이 출시한 애플 최초의 개인용 컴퓨터. 사용자 친화적인 구성으로, 출시 당시 혁신적인 제품 으로 평가되었다.

주요 표현 확인

in one's parents' garage
부모님의 차고에서

work hard 열심히 일하다

release one's finest creation
최고의 창작물을 출시하다

turn 30 30살이 되다

turn out ~인 것으로 드러나다

get fired from ~에서 해고당하다

life hits someone in the head with a brick 삶이 시련을 주다

lose faith 신념을 잃다

be convinced that ~을 확신하다

fill a large part of one's life
인생의 많은 부분을 채우다

be truly satisfied 진정으로 만족하다

핵심 패턴 연습

- **get fired** 해고당하다

  He **got fired** from his job because he was always late.
  그는 항상 지각했기 때문에 직장에서 해고당했다.

  Despite his efforts to improve, he **got fired** due to constant mistakes at work.
  개선하려는 그의 노력에도 불구하고, 그는 직장에서 계속되는 실수로 인해 해고당했다.

- **keep someone going** 계속 견딜 수 있게 해 주다

  Her encouragement **keeps me going** even when I feel like giving up.
  그녀의 격려는 내가 포기하고 싶을 때에도 나를 계속 견딜 수 있게 해 준다.

  Drinking lots of water **keeps me going** during long hikes in a hot summer.
  많은 물을 마시는 것이 더운 여름에 장거리 산행을 할 때 나를 계속 견딜 수 있게 해 준다.

My **second** **story** **/** is about **love** and **loss**. **/** **Woz** and **I** started **Apple** **/** in my **par**ents' ga**rage** **/** when I was **20**. **/** We **work**ed **hard**, **/** and in **10 years**, **/** Apple had **grown** **/** from **just** the **two** of **us** **/** in a ga**rage** **/** into a **$2 billion com**pany **/** with over **4,000** employ**ees**. **/** We had **just** rele**a**sed our **fi**nest creation **/** —the **Mac**intosh— **/** a **year ear**lier, **/** and I had **just** turned **30**. **/** And **then** **/** I got **fi**red.

I **didn't** see it **then**, **/** but it turned **out** that **/** getting **fired** from **Apple** **/** was the **best** thing **/** that could have **ever hap**pened to me. **/** **Some**times **/** **life hits** you in the **head** **/** with a **brick**. **/** **Don't** lose **faith**. **/** I'm con**vin**ced that **/** the **on**ly thing **/** that **kept** me going **/** was that I **loved what** I did.

Your **work** **/** is **go**ing to **fill** a **large** part **/** of your **life**, **/** and the **on**ly way **/** to be **tru**ly **sa**tisfied **/** is to **do what** you believe **/** is **great work**.

제 두 번째 이야기는 사랑과 상실에 관한 것입니다. 워즈니악과 저는 제가 20살 때 제 부모님의 차고에서 애플이라는 회사를 창업했습니다. 저희는 혼신의 힘을 다해 일을 했고, 차고 안에서 단둘이 시작한 애플이라는 회사는 10년 후, 20억 달러 규모의 직원 4,000명을 둔 회사로 성장했습니다. 저희는 제가 갓 30살이 되기 바로 1년 전에, 당시 최고의 창작물인 매킨토시를 출시했습니다. 그러고 나서 저는 애플에서 해고되었습니다.

그 당시에는 알지 못했지만, 애플에서 해고당한 것은 제게 일어날 수 있는 최고의 사건이었음을 나중에서야 알게 되었습니다. 가끔 인생이 벽돌로 우리의 뒤통수를 치기도 합니다. 그러나 믿음을 잃지 마십시오. 제 자신을 앞으로 나아가게 만든 유일한 동력은 바로, 제가 하고 있는 일을 제가 너무나 좋아했다는 것입니다.

여러분의 직업은 여러분 인생에서 큰 부분을 차지할 것이고, 진정 만족스런 삶을 위한 유일한 방법은 여러분이 최고라고 믿는 일을 하는 것입니다.

스티브 잡스 스탠퍼드 대학교 졸업식 축사

My third story is about death. About a year ago, I **was diagnosed with cancer**. I had a scan at 7:30 in the morning, and it clearly showed a tumor on my pancreas. I had the surgery and I'm fine now.

This was the closest I've been to facing death. No one wants to die, but death is the destination we all share. No one has ever escaped it.

Your time is limited, so don't waste it living someone else's life. Don't be trapped by dogma—which is living with the results of other people's thinking. Don't let the noise of others' opinions drown out your own inner voice. And most important, have the courage to follow your heart and intuition. They somehow already know what you truly want to become. Everything else is secondary.

주요 표현 확인

have a scan 정밀 촬영을 하다

a tumor on one's pancreas
췌장에 있는 종양

have the surgery 수술을 받다

face death 죽음에 직면하다

destination 최종 목적지

escape 벗어나다, 면하다

time is limited 시간이 한정되어 있다

live someone else's life
다른 사람의 삶을 살다

be trapped by dogma 독단에 갇히다

other people's thinking
다른 사람들의 생각

drown out one's own inner voice
내면의 목소리가 잠식되다

have the courage 용기를 갖다

secondary 부차적인

핵심 패턴 연습

- **be diagnosed with cancer** 암 진단을 받다

  He **was diagnosed with cancer** last year but is bravely fighting it.
  그는 작년에 암 진단을 받았지만 용감하게 싸우고 있다.

  The teacher **was diagnosed with cancer** and had to retire early.
  그 선생님은 암 진단을 받고 조기 퇴직을 해야 했다.

- **follow one's heart and intuition** 마음과 직감을 믿고 따라가다

  He decided to travel the world, **following his heart and intuition**.
  그는 자신의 마음과 직감을 따라, 전 세계를 여행하기로 결정했다.

  Follow your heart and intuition to achieve your goals.
  당신의 목표를 이루기 위해 당신의 마음과 직감을 믿고 따라가라.

⟋ 끊어 읽기　● 강세 넣기

My **third** story / is about **death**. / About a **year** ago, / I was diag**no**sed with **can**cer. / I **had** a **scan** / at 7:30 in the **mor**ning, / and it **clear**ly **show**ed a **tu**mor / on my **pan**creas. / I had the **sur**gery / and I'm **fine** now.

This was the **clo**sest I've **been** / to **fa**cing **death**. / **No** one **wants** to **die**, / but **death** is the desti**na**tion / we **all share**. / No one / has ever es**ca**ped it.

Your **time** / is **li**mited, / so **don't waste** it / **li**ving someone **else's life**. / **Don't** be **trap**ped by **dog**ma / —which is **li**ving with the re**sults** / of **o**ther people's **thinking**. / **Don't** let the **noise** of others' o**pi**nions / drown **out** your own **in**ner **voi**ce. / And **most** impor**tant**, / have the **cou**rage / to **fol**low your **heart** and intu**i**tion. / They **some**how al**rea**dy **know** / what you **tru**ly **want** to be**come**. / **Every**thing **else** / is **se**condary.

제 세 번째 이야기는 죽음에 관한 것입니다. 대략 1년 전, 저는 암 진단을 받았습니다. 저는 아침 7시 30분경 정밀 검사를 받았고, 제 췌장에 종양이 있는 것이 분명하게 보였습니다. 수술을 받아서 지금은 괜찮습니다.

이때는 제가 죽음과 가장 가까이 직면한 순간이었습니다. 아무도 죽음을 원하지 않지만, 죽음은 우리 모두의 종착지입니다. 그것을 피해간 사람은 아무도 없습니다.

여러분에게 주어진 시간은 한정되어 있습니다. 그러니 다른 사람의 삶을 사느라 시간을 낭비하지 마세요. '독단'에 갇히지 마세요. 그것은 다른 사람들의 생각대로 인생을 살아가는 것입니다. 다른 사람의 시끄러운 목소리에 여러분 내면의 목소리가 잠식되게 하지 마세요. 그리고 무엇보다 중요한 것은, 여러분의 마음과 직감을 믿고 따를 용기를 갖는 것입니다. 여러분 마음과 직관은 이미 여러분이 진정으로 되고자 하는 것이 무엇인지를 알고 있습니다. 나머지는 모두 부차적인 것입니다.

● 연설문의 내용 중 기억하고 싶은 문장 또는 문단을 따라 적어 보세요.

● 위 구절이 마음에 와닿았던 이유도 자유롭게 적어 보세요.

▶ 연설 영상

J. K. Rowling's Commencement Address at Harvard University, 2008

J. K. 롤링 하버드 대학교 졸업식 축사, 2008

J. K. 롤링(Rowling)은 세계적으로 6억부 이상 판매된 소설인 《해리 포터》 시리즈를 집필한 영국의 작가이다. 그녀는 불우한 경제적 상황 속에서도 꿈을 포기하지 않고 베스트셀러 작가가 되었다.

그녀는 2008년 하버드 대학교에서 실패의 중요성과 상상력의 힘을 주제로 졸업 연설을 했다. 자신이 실패한 경험을 솔직하게 밝히며, 이를 통해 얻은 교훈과 깊은 통찰력을 공유했다. 그녀의 메시지는 전 세계 많은 사람들에게 긍정적인 영향을 미쳤다.

On this wonderful day when we are gathered together to celebrate your **academic success**, I have decided to talk to you about the **benefits of failure**. And I want to **extol the crucial importance** of imagination.

My parents had been poor themselves, and I have since been poor, and I quite agree with them that it is not an **ennobling experience**. **Poverty entails** fear, and stress, and sometimes **depression**. It means a thousand **petty humiliations** and **hardships**.

However, what I feared most for myself at your age was not poverty, but failure. **A mere seven years** after my graduation day, I had **failed on an epic scale**. An **exceptionally short-lived marriage** had **imploded**, and I was **jobless**, a **lone parent**, and as poor as it is possible to be **in modern Britain**, without **being homeless**. I was the biggest failure I knew.

주요 표현 확인

academic success 학문적 성공

benefits of failure 실패의 이점

extol the crucial importance
굉장한 중요성을 극찬하다

ennobling experience 고상한 경험

poverty 가난

entail 수반하다

depression 우울감

petty humiliation 사소한 모욕

hardship 고난, 역경

a mere seven years 겨우 7년 만에

exceptionally 유난히, 특별히

marriage 결혼 생활

implode 붕괴되다

jobless 실직 상태인

lone parent 한 부모

in modern Britain 영국의 현대 사회에서

be homeless 살 집이 없다

핵심 패턴 연습

- **fail on an epic scale** 엄청난 실패를 하다

  The new restaurant **failed on an epic scale**.

  새로운 식당은 엄청나게 실패했다.

  Due to a lack of practice, their dance performance **failed on an epic scale**.

  연습 부족으로, 그들의 춤 공연은 엄청나게 실패했다.

- **short-lived** 단기간에 그친

  My interest in the new game was **short-lived**.

  새 게임에 대한 흥미는 얼마 지나지 않아 사라졌다.

  The silence in the house was **short-lived** when the baby woke up.

  고요했던 집안은 아기가 깨어나자 이내 곧 시끄러워졌다.

On this **won**derful **day** / when we are **ga**thered to**ge**ther / to **ce**lebrate your aca**de**mic suc**cess**, / I have de**ci**ded to **talk** to you / about the **be**nefits of **fai**lure. / And I **want** to ex**tol** / the **cru**cial im**por**tance of ima**gi**nation.

My **pa**rents / had been **poor** them**selves**, / and I have **since** been **poor**, / and I **quite** a**gree** with them / that it is **not** an en**no**bling ex**pe**rience. / **Po**verty en**tails fear**, / and **stress**, / and **some**times de**pres**sion. / It **means** a **thou**sand petty humili**a**tions / and **hard**ships.

How**ev**er, / **what** I **fear**ed **most** for my**self** at **your** age / was **not** po**ver**ty, / but **fai**lure. / A **mere** se**ven years** / after my gradu**a**tion day, / I had **fai**led / on an **e**pic **scale**. / An ex**cep**tionally **short**-lived **mar**riage / had im**plo**ded, / and I was **job**less, / a **lone pa**rent, / and as **poor** as it is **pos**sible to **be** / in **mo**dern **Bri**tain, / with**out** being **home**less. / I was the **big**gest **fai**lure / I **knew**.

여러분의 학문적 성공을 축하하기 위해 함께 모인 이 멋진 날에, 저는 실패의 이점에 대해 여러분에게 이야기하기로 했습니다. 그리고 저는 상상력의 중요성을 찬양하고자 합니다.

저희 부모님은 늘 가난했고, 저 또한 늘 가난했기에, 저는 가난이 고귀한 경험이 아니라는 말에 전적으로 동의합니다. 가난은 두려움, 스트레스, 때로는 우울감을 수반합니다. 가난은 수천 번의 사소한 모욕과 고난을 의미합니다.

그러나 제가 여러분의 나이 때 가장 두려워했던 것은 '가난'이 아니라 '실패'였습니다. 졸업 후 고작 7년 만에, 저는 엄청나게 실패했습니다. 말도 안되게 짧았던 결혼 생활은 끝장났고, 저는 실업자이자, 싱글 맘이었고, 노숙인만 아니었다 뿐이지, 현대 영국에서 가장 가난한 사람이었습니다. 저는 제가 아는 한 가장 심각한 실패자였습니다.

Now, I am not going to stand here and tell you that failure is fun. So why do I talk about the **benefits of failure**? Simply because failure meant a **stripping away** of **the inessential**.

I **stopped pretending to myself** that I was anything other than what I was, and began to **direct all my energy into** finishing the only **work that mattered to me**. Had I really succeeded at anything else, I might never have found the **determination to succeed** in the **one arena** where I believed I **truly belonged**.

I **was set free**, because my greatest fear had **been realized**, and I was still alive, and I still had a daughter whom I **adored**, and I had an old **typewriter** and a big idea. And so **rock bottom** became the **solid foundation** on which I rebuilt my life. You might never fail on the scale I did, but some failure in life **is inevitable**. It is impossible to live without failing at something, unless you live so **cautiously** that you might as well not have lived at all—in which case, you **fail by default**.

주요 표현 확인

benefits of failure 실패의 이점

strip away (불필요한 것을) 벗어 내다

the inessential 본질이 아닌 것들

stop pretending to oneself
스스로에게 ~인 척 하는 것을 멈추다

direct all one's energy into
~에 모든 에너지를 쏟아붓다

work that matters to someone
~에게 중요한 일

determination to succeed
성공을 하겠다는 의지

one arena 한 분야

truly belong 진정으로 속하다

be set free 자유로워지다

be realized 실현되다

adore 아주 좋아하다

typewriter 타자기

solid foundation 견고한 토대

cautiously 조심스럽게

fail by default 기본적으로 실패하다

핵심 패턴 연습

- **rock bottom** 완전 밑바닥

The team had hit **rock bottom** after losing ten games in a row.
그 팀은 10연패 이후 완전 밑바닥을 쳤다.

She felt like she reached **rock bottom** when her best friend betrayed her.
가장 친한 친구가 그녀를 배신했을 때 그녀는 완전 밑바닥에 다다른 것 같았다.

- **be inevitable** 불가피하다

In the cycle of life, birth and death **are inevitable**.
생명 순환의 주기에서, 탄생과 죽음은 피할 수 없다.

In sports, injuries can **be inevitable** but proper training can reduce the risk.
스포츠에서, 부상을 피하기 힘들 때가 있지만 제대로 된 훈련으로 그 위험을 줄일 수 있다.

① 끊어 읽기　● 강세 넣기

Now, / I am **not** going to **stand** here / and **tell** you / that **fai**lure is **fun**. / So **why** do I **talk** about / the **b**enefits of **fai**lure? / **Sim**ply because / **fai**lure **meant** a stripping a**way** / of the ines**sen**tial.

I **stop**ped pre**ten**ding to my**self** / that I was **any**thing **o**ther / than **what** I was, / and be**gan** to di**rect all** my **en**ergy / into **fi**nishing the **only work** / that **mat**tered to me. / Had I **real**ly suc**ceed**ed / at **any**thing **else**, / I might **n**ever have **found** the determi**na**tion / to suc**ceed** in the **one** a**rena** / where I be**lieved** / I **tru**ly be**long**ed.

I was **set free**, / because my **great**est **fear** / had been **r**ealized, / and I was **still** a**live**, / and I **still** had a **daugh**ter / whom I a**dor**ed, / and I had an **old type**writer / and a **big idea**. / And so **rock** bottom / became the **so**lid foun**da**tion / on **which** I re**built** my **life**. / You might **never fail** / on the **scale** I did, / but **some fai**lure in **life** / is in**e**vitable. / It is im**pos**sible / to **live** with**out fai**ling at something, / un**less** you live **so cau**tiously / that you **might** as **well** / **not** have **lived** at **all**, / —in **which** case, / you **fail** by de**fault**.

지금, 저는 여기 서서 여러분에게 실패가 재미있는 일이라고 말하려는 것이 아닙니다. 그렇다면 저는 왜 실패의 이점에 대해 이야기하는 것일까요? 그것은 바로 실패가 '본질이 아닌 것'들을 제거해 주기 때문입니다.

저는 저 자신이 특별한 사람인 척 하는 것을 멈추었고, 저에게 중요하다고 생각되는 일을 마무리 짓는 데에만 모든 에너지를 쏟기 시작했습니다. 제가 과거 다른 분야에서 큰 성공을 거두었더라면, 진정 원하는 분야에서 성공하겠다는 다짐을 할 수 없었을 것입니다.

저는 자유로워졌습니다. 제가 가장 두려워했던 일이 현실이 되었지만, 저는 여전히 살아 있었고, 제게는 사랑하는 딸이 있었고, 낡은 타자기와 굉장한 아이디어가 있었기 때문입니다. 바닥까지 떨어진 인생은 저를 다시 일으켜 주는 든든한 기반이 되어 주었습니다. 여러분은 저처럼 비참하게 실패하지는 않겠지만, 인생에서 어느 정도의 실패는 불가피합니다. 무언가에 실패해 보지 않고 산다는 것은 불가능합니다. 너무 조심스럽게 살아서 마치 죽은 것처럼 산다면 모를까요. 그런 경우라면, 기본적으로 이미 실패한 인생이고요.

Now you might think that I chose my second theme, the importance of imagination, because of the part it played in rebuilding my life, but that is not wholly so. Though I personally will defend the value of bedtime stories[1] to my last gasp, I have learned to value imagination in a much broader sense.

In its arguably most transformative and revelatory capacity, it is the power that enables us to empathize with humans whose experiences we have never shared.

I worked at the African research department at Amnesty International's[2] headquarters in London in my early 20s. Every day, I saw more evidence about the evils humankind will inflict on their fellow humans, to gain or maintain power. I began to have nightmares, literal nightmares, about some of the things I saw, heard, and read.

---

1 bedtime story 잠들기 전 아이에게 읽어 주는 동화책이나 들려 주는 이야기.
2 Amnesty International 국제앰네스티. 정치, 종교 등의 자유를 탄압받거나, 인권을 보호받지 못한 채 부당하게 투옥된 사람들을 석방하고, 고문과 사형 등의 폐지를 목적으로 한 비정부 인권 단체.

theme 주제

rebuild one's life 삶을 재건하다

not wholly so 완전히 그렇지는 않다

to one's last gasp 마지막 순간까지

learn to value
~을 소중하게 여기는 것을 배우다

arguably 거의 틀림없이

transformative 혁신적인

revelatory 드러내는, 보여주는

enable someone to ~을 할 수 있게 하다

headquarters 본사

in one's early 20s 20대 초반에

humankind 인류, 인간

inflict (고통 등을) 끼치다, 가하다

fellow human 동료 인간

maintain power 권력을 유지하다

have a nightmare 악몽을 꾸다

- **in a much broader sense** 훨씬 더 넓은 의미에서

   In a much broader sense, success isn't just about making a lot of money.
   훨씬 더 넓은 의미에서, 성공은 그저 돈을 많이 버는 것만은 아니다.

   Helping others without expecting anything shows kindness **in a much broader sense**.
   다른 사람을 기대 없이 돕는 것은 훨씬 더 넓은 의미에서의 친절함을 보여 준다.

- **empathize with** ~와 공감하다

   To truly understand someone, you should **empathize with** them.
   누군가를 진정으로 이해하려면, 그들과 공감해야 한다.

   It is important to **empathize with** different perspectives, even if they differ from our own.
   설령 우리가 가진 관점과 다르더라도, 다른 시각들에 공감하는 것은 중요하다.

Now / you might **think** / that I **chose** my **se**cond **theme**, / the im**por**tance of imagi**na**tion, / because of the **part** it **play**ed / in re**build**ing my **life**, / but **that** is **not** wholly **so**. / Though I **per**sonally will de**fend** / the **val**ue of **bed**time **sto**ries / to my **last gasp**, / I have **learn**ed to **val**ue imagi**na**tion / in a **much broad**er **sense**.

In its **ar**guably **most** trans**for**mative / and **re**velatory ca**pa**city, / it is the **power** / that en**ab**les us to em**path**ize with **hu**mans / whose ex**per**iences / we have **never shared**.

I **work**ed at the **Af**rican **re**search de**part**ment / at **Am**nesty Inter**na**tional's **head**quarters / in **Lon**don / in my **early 20s**. / Every **day**, / I **saw more** evidence / about the **evils** / **hu**mankind will in**flict** / on their **fel**low **hu**mans, / to **gain** or main**tain po**wer. / I be**gan** to have **night**mares, / **li**teral **night**mares, / about **some** of the **things** I **saw**, / **heard**, / and **read**.

이제 여러분은 제가 두 번째 주제로 '상상력의 중요성'을 선택한 이유가, 아마도 제 인생을 재건하는 데 큰 몫을 한 것이 상상력이기 때문이라고 생각하겠지만, 꼭 그렇지는 않습니다. 비록 저는 죽는 순간까지도 '잠자리 동화책 읽어주기'의 가치를 옹호할 사람이지만, 상상력이 훨씬 더 넓은 의미에서 가치가 있다는 것을 알게 되었습니다.

상상력의 가장 혁신적이고 분명한 능력은 바로, 같은 경험을 공유하지 않더라도 인간은 타인에게 공감할 수 있다는 것입니다.

20대 초반, 저는 런던에 있는 국제앰네스티 본사의 아프리카 조사국에서 일한 적이 있습니다. 인간이 권력을 빼앗고 유지하기 위해 같은 인간에게 얼마나 잔인할 수 있는지, 매일매일 그 증거들을 목격할 수 있었습니다. 저는 제가 일하면서 보고, 듣고, 읽은 것들로 인해 악몽을 꾸기 시작했는데, 말 그대로 악몽이었습니다.

And yet I also learned more about **human goodness** at Amnesty International than I had ever known before. Amnesty **mobilizes** thousands of people who have never **been tortured** or **imprisoned** for their **beliefs** to **act on behalf of** those who have. The power of **human empathy**, leading to **collective action**, **saves lives**, and **frees prisoners**.

If you choose to use your **status** and **influence** to **raise your voice** on behalf of those who have no voice, if you choose to identify not only with **the powerful**, but with **the powerless**, if you **retain the ability** to imagine yourself into the lives of those who do not have your advantages, then it will not only be your proud families who **celebrate your existence**, but thousands and millions of people whose reality you have helped change.

We do not need magic to **transform our world**, we carry all the power we need inside ourselves already. We have **the power to imagine better**.

주요 표현 확인

human goodness 인간의 선의

mobilize (사람들을) 동원하다

be tortured 고문을 당하다

be imprisoned 수감되다

belief 신념

human empathy 인간의 공감

collective action 집단행동

save a life 생명을 구하다

free a prisoner 수감자를 풀어 주다

status 지위, 신분

influence 영향력

the powerful 힘있는 자들

the powerless 힘없는 자들

retain the ability 능력을 유지하다

celebrate one's existence
존재를 기쁘게 받아들이다

transform one's world
세상을 크게 변모시키다

the power to imagine better
더 나은 것을 상상하는 힘

핵심 패턴 연습

• **act on behalf of** ~을 대변해서 행동하다

Lawyers **act on behalf of** their clients in court.
변호사들은 법정에서 자신들의 고객들을 대변해서 행동한다.

Team captains **act on behalf of** the team at press conferences.
팀의 주장은 기자 회견에서 팀을 대변해서 행동한다.

• **raise one's voice** 목소리를 높이다

Don't be afraid to **raise your voice** if you feel something is unfair.
무언가 부당하다고 느낀다면 여러분의 목소리를 높이는 것을 두려워하지 마라.

In a democracy, citizens can **raise their voices** through voting.
민주주의에서, 시민들은 투표를 통해 목소리를 높일 수 있다.

낭독 훈련

/ 끊어 읽기 ● 강세 넣기

And **yet** / I **al**so **learn**ed **more** about **hu**man **good**ness / at Amnesty Inter**na**tional / than I had **ev**er **known** before. / Amnesty **mo**bilizes **thou**sands of **peo**ple / who have **nev**er been **tor**tured / or im**pri**soned for their be**liefs** / to **act** on be**half** of **those** / who **have**. / The **po**wer of **hu**man **em**pathy, / **lead**ing to col**lec**tive **ac**tion, / **sa**ves lives, / and **frees pri**soners.

If you **choose** / to **use** your **sta**tus and **in**fluence / to **raise** your **voice** / on be**half** of **those** / who have **no** voice, / if you **choose** to i**den**tify / **not** only with the **pow**erful, / but with the **pow**erless, / if you re**tain** the a**bil**ity / to i**ma**gine yourself / into the **lives** of **those** / who do **not** have your ad**van**tages, / **then** it will **not** only be your **proud fam**ilies / who **cel**ebrate your ex**is**tence, / but **thou**sands and **mil**lions of **peo**ple / whose re**al**ity / you have **helped change**.

We do **not** need **mag**ic / to trans**form** our **world**, / we **carry all** the **pow**er we **need** / in**side** ourselves al**rea**dy. / We **have** the **pow**er / to i**ma**gine **bet**ter.

그러나 동시에 저는 국제앰네스티에 있으면서 전에는 미처 몰랐던 사실을, 인간이 생각보다 선하다는 것을 알게 되었습니다. 국제앰네스티는 신념 때문에 고문을 당하거나 감옥에 갇힌 경험이 없는 사람들을 설득하여, 고문 당하고 갇힌 이들을 대변하여 활동하도록 합니다. 인간의 공감 능력은, 집단 행동을 이끌어 내고, 생명을 구하고, 무고한 사람들을 석방시켜 줍니다.

여러분이 만일 여러분의 지위와 영향력을, 목소리를 낼 수 없는 사람들을 대변하여 목소리를 내는데 사용한다면, 여러분이 만일 기득권층뿐 아니라 힘없는 사람들의 마음을 헤아리기로 결심한다면, 여러분이 만약 여러분이 누리는 것들을 누리지 못하는 사람들의 삶이 어떤지 공감할 수 있다면, 그렇다면 여러분의 가족뿐 아니라 여러분의 도움으로 새로운 삶을 살게 되는 수천 명의 사람들이 여러분의 존재를 축복할 것입니다.

세상을 변화시키기 위해서 마법이 필요한 것이 아닙니다. 우리는 이미 필요한 모든 힘을 지니고 있습니다. 더 나은 세상을 상상할 능력을 갖고 있습니다.

● 연설문의 내용 중 기억하고 싶은 문장 또는 문단을 따라 적어 보세요.

● 위 구절이 마음에 와닿았던 이유도 자유롭게 적어 보세요.

연설 영상

Bill Gates' Commencement Address at Harvard University, 2007

빌 게이츠 하버드 대학교 졸업식 축사, 2007

빌 게이츠(Bill Gates)는 세계적인 컴퓨터 소프트웨어 회사인 마이크로소프트 (Microsoft)의 공동 창립가이자 자선 사업가이다.

그는 2007년 하버드 대학교 졸업 연설에서 자신이 하버드 대학을 중퇴한 후 마이크로 소프트를 시작한 경험을 공유하며, 교육의 중요성과 세계적인 문제 해결을 위한 기술과 혁신의 역할을 강조했다. 이 연설은 사회적 책임감을 갖는 것의 중요성을 상기시키며 많은 사람들에게 큰 영감을 주었다.

Harvard was just a **phenomenal experience** for me. Academic life was fascinating. What I remember above all about Harvard was being in the midst of so much energy and intelligence. It could be exhilarating, intimidating, sometimes even discouraging, but always challenging. It was an amazing privilege.

But taking a serious look back, I do have one big regret. I left Harvard with no real awareness of the awful inequities in the world—the **appalling disparities** of health, and wealth, and opportunity that condemn millions of people to lives of despair.

I learned a lot here at Harvard about new ideas in economics and politics. I got great exposure to the advances being made in the sciences. But humanity's greatest advances are not in its discoveries, but in how those discoveries are applied to reduce inequity. Whether through democracy, strong public education, quality health care, or broad economic opportunity—reducing inequity is the highest human achievement.

주요 표현 확인

academic life 학업

fascinating 대단히 흥미로운

in the midst of ~의 한가운데에

exhilarating 매우 흥겨운

intimidating 겁나는

discouraging 낙담하게 하는

challenging 도전적인

an amazing privilege 놀라운 특권

real awareness 실질적 인식

awful inequity 끔찍한 불평등

condemn (좋지 않은 상황에) 처하게 만들다

lives of despair 절망적인 삶

economics 경제학

politics 정치학

in the sciences 과학 분야

humanity's greatest advances
인류의 가장 위대한 발전상

reduce inequity 부당한 불평등을 줄이다

the highest human achievement
가장 고귀한 인류의 업적

핵심 패턴 연습

- **phenomenal experience** 엄청난 경험

  Riding a horse on the beach at sunset was a **phenomenal experience**.
  해질녘에 해변에서 말을 타는 것은 엄청난 경험이었다.

  He thought making friends from different cultures would be a **phenomenal experience**.
  그는 다른 문화권의 친구들을 사귀는 것이 엄청난 경험일 것이라고 생각했다.

- **appalling disparities** 끔찍한 불평등

  The **appalling disparities** between the rich and the poor can be seen in many big cities.
  많은 대도시들에서는 빈부의 격차로 인한 끔찍한 불평등을 볼 수 있다.

  Efforts to reduce **appalling disparities** in our society are essential.
  우리 사회에서 끔찍한 불평등을 줄이려는 노력은 반드시 필요하다.

Harvard / was just a phenomenal experience for me. / Academic life / was fascinating. / What I remember above all about Harvard / was being in the midst of / so much energy and intelligence. / It could be exhilarating, / intimidating, / sometimes even discouraging, / but always challenging. / It was an amazing privilege.

But taking a serious look back, / I do have one big regret. / I left Harvard / with no real awareness / of the awful inequities / in the world / —the appalling disparities of health, / and wealth, / and opportunity / that condemn millions of people / to lives of despair.

I learned a lot here at Harvard / about new ideas / in economics and politics. / I got great exposure / to the advances being made / in the sciences. / But humanity's greatest advances / are not in its discoveries, / but in how those discoveries are applied / to reduce inequity. / Whether through democracy, / strong public education, / quality health care, / or broad economic opportunity / —reducing inequity / is the highest human achievement.

저에게 있어 하버드에서의 경험은 정말 굉장했습니다. 학업적인 면에서도 환상이었고요. 하버드에서 가장 기억에 남는 것은 엄청난 에너지와 지성의 한가운데에 존재했다는 것입니다. 때로는 활기차고, 때로는 겁나고, 때로는 기운이 빠지기도 했지만, 언제나 설레는 도전이었습니다. 놀라운 특권이었지요.

하지만 진지하게 돌아보면, 한 가지 큰 후회가 있습니다. 제가 세상에 존재하는 끔찍한 불평등에 대해 실제로 아무것도 아는 바가 없이 하버드를 떠났다는 것입니다. 수백만 명의 사람들을 절망에 빠뜨리는 건강, 부, 기회의 심각한 격차에 대해서 말입니다.

저는 하버드에서 경제와 정치에 관련된 새로운 아이디어를 많이 배웠습니다. 과학 분야에서 이루어지고 있는 발전에 대해서도 많이 알게 되었습니다. 그러나 인류의 위대한 발전은 그 '발견'에 있지 않고, 그 발견들이 불평등을 해소하는데 어떻게 '적용'되는가에 있습니다. 민주주의를 통해서든, 강력한 공교육을 통해서든, 양질의 의료 서비스를 통해서든, 광범위한 경제적 기회를 통해서든, 불평등을 줄이는 것은 가장 고귀한 인류의 업적입니다.

I left campus knowing little about the millions of young people **cheated out of educational opportunities** here in this country. And I knew nothing about the millions of people **living in unspeakable poverty** and disease in **developing countries**. It took me **decades** to find out.

You know about the world's **inequities**. In your years here, I hope you've had a chance to think about how—in this age of **accelerating technology**—we can finally **take on** these inequities, and we can solve them.

I **am optimistic that** we can do this, but I talk to **skeptics** who claim there is no hope. They say, "Inequity has been with us **since the beginning**, and will be with us **till the end**—because people just don't care." I **completely disagree**.

cheated out of educational opportunities
교육 기회를 박탈당한

live in unspeakable poverty
차마 입에 담기 힘든 빈곤 속에 살아가다

developing country 개발 도상국

decades 수십 년

inequity 부당한 불평등

accelerating technology
가속화되는 기술

skeptic 회의론자

since the beginning 처음부터

till the end 끝까지

completely disagree
전혀 동의하지 않다

- **take on** ~에 정면으로 대응하다

  Our team is ready to **take on** their team in the final match.
  우리 팀은 저쪽 팀을 상대로 결승에서 맞서 싸울 준비가 되어 있다.

  We need to adopt a different approach to **take on** the competitor's new product.
  우리는 경쟁사의 신제품에 정면으로 대응하기 위해 다른 접근 방식을 채택해야 한다.

- **be optimistic that** ~에 대해 낙관적이다

  She **is optimistic that** the new project will bring them success.
  그녀는 새 프로젝트가 그들에게 성공을 가져다 줄 것이라고 낙관한다.

  He **was optimistic that** the flowers in the garden would bloom beautifully.
  그는 정원의 꽃들이 아름답게 필 것이라고 낙관했다.

I **left cam**pus / knowing **lit**tle about the **millions of young people** / **cheat**ed **out** of educational opportunities / **here** in this **coun**try. / And I **knew no**thing about / the **millions of peo**ple / **liv**ing in un**speak**able **po**verty and di**sea**se / in de**vel**oping **coun**tries. / It **took** me **de**cades / to find **out**.

You **know** about / the **world's** inequities. / In your **years here**, / I **hope** you've **had** a **chance** / to **think** about **how** / —in this **age** of ac**cel**erating tech**no**logy / —we can **fi**nally / take **on** these in**eq**uities, / and we can **solve** them.

I am opti**mis**tic / that we can **do** this, / but I **talk** to **skep**tics / who **claim** there is **no hope**. / They **say**, / "Inequity has **been** with us / since the be**gin**ning, / and will **be** with us / till the **end** / —because **people just don't care**." / I com**plete**ly disa**gree**.

저는 이 나라에서 수백만 명의 젊은이들이 교육 기회를 박탈당하고 있다는 사실에 대해 거의 알지 못한 채 대학을 떠났습니다. 또한 개발도상국에는 수천 명의 사람들이 끔찍한 빈곤과 질병으로 시달리고 있다는 것을 알지 못했습니다. 그러한 현실을 인지하는 데까지 수십 년이 걸렸습니다.

여러분은 이 세계의 불평등에 대해 알고 있습니다. 지난 몇 년간 이곳에서 대학 생활을 하면서, 가속화된 기술 시대에 이런 불평등에 어떻게 대응하고, 그것들을 해결할 수 있는 방법에 대해 생각할 기회가 있었기를 바랍니다.

저는 이 문제를 해결할 수 있다고 낙관적으로 생각하지만, 희망이 없다고 주장하는 회의론자들과도 대화를 나눕니다. 그들은 이렇게 말합니다. "불평등은 처음부터 우리 곁에 존재했고, 끝까지 없어지지 않을 것입니다. 왜냐하면 사람들이 그것에 관심조차 없기 때문입니다." 저는 이에 전적으로 동의하지 않습니다.

빌 게이츠 하버드 대학교 졸업식 축사

All of us here in this Yard[1], **at one time or another**, have seen **human tragedies** that **broke our hearts**, and yet we did nothing—not because we didn't care, but because we didn't know what to do. If we had known how to help, we would have acted. The **barrier to change** is not too little caring; it is too much **complexity**. To **turn caring into action**, we need to see a problem, see a solution, and see the impact.

Let me **make a request** of the **deans** and the professors—the **intellectual leaders** here at Harvard. Please ask yourselves: Should our **best minds** be dedicated to solving our biggest problems? Should Harvard encourage its **faculty** to **take on** the world's worst inequities? Should Harvard students learn about the **depth of global poverty**, the **prevalence of world hunger**, the **scarcity of clean water**, the girls kept out of school, the children who **die from diseases** we can cure?

---

1 Yard 하버드 대학교에서 가장 오래된 장소이자 주요 건물들이 위치한 하버드 야드(Harvard Yard)를 가리키는 말.

주요 표현 확인

at one time or another 한 번쯤은

human tragedy 인류의 비극

break one's heart 마음을 아프게 하다

complexity 복잡성

turn caring into action
관심을 행동으로 옮기다

make a request 부탁하다

dean 학장

intellectual leader 지성인 지도자

faculty 교수진

take on 대응하다, 떠맡다

depth of global poverty
세계적인 빈곤의 심각성

prevalence of world hunger
세계적으로 만연한 기아 문제

scarcity of clean water
깨끗한 물의 부족

die from a disease 질병으로 목숨을 잃다

핵심 패턴 연습

- **barrier to change** 변화를 가로막는 장벽

  Old habits can act as a **barrier to change** in our lives.
  오래된 습관은 우리 삶에서 변화를 가로막는 장벽으로 작용할 수 있다.

  Sometimes, fear of the unknown is the biggest **barrier to change**.
  때때로, 미지에 대한 두려움은 변화를 가로막는 가장 큰 장벽이다.

- **best minds** 최고의 인재들

  The **best minds** in the world are working to cure diseases.
  세계 최고의 인재들이 질병을 치료하기 위해 노력하고 있다.

  Schools aim to nurture the **best minds** for the future.
  학교는 미래를 위한 최고의 인재들을 양성하는 것을 목표로 한다.

All of us **here** in this **Yard,** / at **one time** or another, / have seen **human tra**gedies / that **broke** our **hearts,** / and **yet** we did **no**thing / —**not** because we **didn't care,** / but because we **didn't know** / **what** to **do.** / If we had **known** / how to **help,** / we would have **act**ed. / The **bar**rier to **change** / is **not too** little **car**ing; / it is **too** much complexity. / To turn **car**ing into **ac**tion, / we **need** to **see** a **pro**blem, / **see** a solution, / and **see** the **im**pact.

Let me **make** a re**quest** / of the **deans** and the professors / —the intel**lec**tual **lea**ders / **here** at Harvard. / **Please ask** yourselves: / Should our **best minds** / be de**dic**ated to **solv**ing our **big**gest **pro**blems? / Should **Har**vard en**cou**rage its **fac**ulty / to take **on** the world's **worst** inequities? / Should **Har**vard **stu**dents / **learn** about the **depth** of **glo**bal **po**verty, / the **pre**valence of **world hun**ger, / the **scar**city of **clean wa**ter, / the **girls** kept **out** of **school,** / the **child**ren who **die** from dis**eas**es / we **can cure**?

이 하버드 광장에 있는 우리 모두는, 한 번쯤은, 가슴 아픈 비극을 목격한 적이 있지만, 그럼에도 우리는 아무런 행동도 하지 않았습니다. 관심이 없어서가 아니라, 무엇을 해야 할지 몰랐기 때문입니다. 도울 방법을 알았다면, 우리는 행동을 했을 것입니다. 변화를 가로막는 장벽은 무관심이 아니라, 그것의 복잡성입니다. 관심을 행동으로 전환시키려면, 우리는 문제를 직시하고, 해결책을 찾고, 그것의 파급 효과를 알아야 합니다.

이곳 하버드 최고의 지성인 지도자이신, 학장님들과 교수님들께 부탁드립니다. 스스로에게 다음과 같이 질문하십시오. 우리가 직면한 이 중대한 문제를 해결하기 위해 마음을 쏟아야 하지 않을까? 하버드는 최악의 불평등 문제에 책임감을 갖고 이를 해결하도록 교수진을 촉구해야 하지 않을까? 하버드 학생들은 전 세계 빈곤의 심각성과 만연한 기아 문제, 물 부족 현상, 교육 혜택을 받지 못하는 소녀들, 치료 가능한 질병으로 인해 세상을 떠나는 어린이들이 있음을 알아야 하지 않을까?

빌 게이츠 하버드 대학교 졸업식 축사

I want to **exhort** each of the graduates here to take on an issue—a complex problem, a deep inequity, and become a specialist on it. If you make it the focus of your career, that would be phenomenal. But you don't have to do that to **make an impact**.

For a few hours every week, you can use the growing power of the Internet to get informed, find others with the same interests, see the barriers, and find ways to cut through them. Don't let complexity stop you. Be activists. Take on the big inequities. I feel sure it will be one of the great experiences of your lives.

주요 표현 확인

graduate 졸업생
take on an issue 문제에 맞서다
become a specialist 전문가가 되다
focus of one's career 커리어의 초점
phenomenal 엄청난

get informed 정보를 얻다
barrier 장애물, 장벽
cut through 뚫고 나아가다
activist 활동가, 행동가

핵심 패턴 연습

• **exhort** 촉구하다

I **exhort** you to practice kindness towards others.
나는 당신이 다른 사람들에게 친절을 실천하도록 촉구한다.

The government **exhorted** the citizens to recycle to protect the environment.
정부는 환경을 보호하기 위해 시민들에게 재활용할 것을 촉구했다.

• **make an impact** 영향을 미치다

Showing gratitude **makes an impact** on building relationships.
감사하는 마음을 표현하는 것은 관계를 형성하는 데 영향을 미친다.

Exercising regularly can **make an impact** on improving your overall health.
규칙적으로 운동하는 것은 전반적인 건강을 개선하는 데 영향을 미칠 수 있다.

I **want** to ex**hort** **/** **each** of the **gra**duates **here** **/** to take **on** an issue **/** —a com**plex** pro**blem**, **/** a **deep** inequity, **/** and be**come** a **spe**cialist on it. **/** If you **make** it the **focus** **/** of your ca**reer**, **/** that would be phe**nom**enal. **/** But you **don't** have to **do** that **/** to **make** an **im**pact.

For a **few** hours every **week**, **/** you can **use** the **grow**ing **pow**er of the **In**ternet **/** to get in**form**ed, **/** **find** **o**thers with the **same** **in**terests, **/** **see** the **barr**iers, **/** and **find** **ways** **/** to **cut** through them. **/** **Don't** let com**plex**ity **/** **stop** you. **/** Be **ac**tivists. **/** Take **on** the **big** inequities. **/** I feel **sure** **/** it will be **one** of the **great** ex**per**iences **/** of your **lives**.

저는 이곳에 모인 졸업생 한 명 한 명에게 호소하고 싶습니다. 어떤 복잡한 문제이든, 심각한 불평등이든, 어느 한 분야의 전문가가 되십시오. 그것을 여러분 경력의 중심으로 삼는다면 훌륭할 것입니다. 하지만 그렇게 하지 않아도 세상을 바꿀 수 있습니다.

매주 몇 시간동안, 여러분은 놀랍게 발전하는 인터넷의 힘을 이용해서 정보를 얻을 수 있고, 공통된 관심사를 가진 사람들을 찾고, 장애물을 찾고, 그것을 극복하는 방법을 알아낼 수 있습니다. 복잡하다는 이유로 멈추지 마세요. 행동하는 사람이 되세요. 커다란 불평등 문제에 부딪쳐 보세요. 저는 그것이 여러분 인생에 있어 가장 훌륭한 경험이 될 것이라고 확신합니다.

● 연설문의 내용 중 기억하고 싶은 문장 또는 문단을 따라 적어 보세요.

● 위 구절이 마음에 와닿았던 이유도 자유롭게 적어 보세요.

Mark Zuckerberg's Commencement Address at Harvard University, 2017

마크 저커버그 하버드 대학교 졸업식 축사, 2017

마크 저커버그(Mark Zuckerberg)는 소셜 미디어 플랫폼인 페이스북 (Facebook)의 창립자이자 최고 경영자로, 디지털 시대의 상호 작용 방식에 큰 영향을 미친 리더로 인정받고 있다.

그는 2017년 하버드 대학교 졸업생들에게 자신의 목적을 찾는 것을 넘어 세계를 변화시키는 데 기여할 것을 독려했다. 이 연설은 모든 사람이 뚜렷한 목적의식을 가질 수 있는 구체적인 방법과 공동체의 중요성에 대한 내용을 담고 있다.

마크 저커버그 하버드 대학교 졸업식 축사

Today I want to talk about purpose. But I'm not here to give you the standard commencement about **finding your purpose**. We're millennials[1]. We'll try to do that **instinctively**.

Instead, I'm here to tell you that finding your purpose isn't enough. **The challenge for our generation** is to **create a world** where everyone **has a sense of purpose**. One of my favorite stories is when J. F. K[2]. went to go visit the NASA[3] space center, and he saw a **janitor** holding a **broom**, and he asked him what he was doing, and the janitor replied, "Mr. President, I'm helping **put a man on the moon**[4]."

Purpose is that feeling that you are **a part of something bigger than yourself**, that you are needed, and that you **have something better ahead** to work for. Purpose is what **creates true happiness**.

---

1 millennial 밀레니얼. 1982~2000년 사이에 태어난 세대. 개인의 행복과 자아실현을 중요하게 여기는 경향이 있다.

2 J. F. K. 미국의 제35대 대통령 John Fitzgerald Kennedy의 약어.

3 NASA 미국 항공 우주국. 미국의 우주 개발과 관련한 모든 일을 맡고 있는 국가 기관.

4 I'm helping put a man on the moon. 미국의 유인 달 탐사 계획인 아폴로 계획(Apollo Program)을 나타내는 표현. 이를 통해 미국은 1969년 아폴로 11호를 인류 최초로 달 표면에 착륙시키는 데 성공하였다.

find one's purpose 목적을 찾다

instinctively 본능적으로

create a world 세상을 만들다

janitor 청소부

broom 빗자루

put a man on the moon
인간을 달에 보내다

a part of something bigger than oneself
자신보다 더 위대한 무언가의 일부

have something better ahead
앞으로 더 나은 것이 있다

create true happiness
진정한 행복을 창조하다

- **the challenge for our generation** 우리 세대의 도전 과제

  The challenge for our generation is to tackle climate change effectively.

  우리 세대의 도전 과제는 기후 변화에 효과적으로 대처하는 것이다.

  The challenge for our generation is to find solutions to the global water crisis.

  우리 세대의 도전 과제는 전 세계적인 물 위기에 대한 해결책을 찾는 것이다.

- **have a sense of purpose** 목적의식을 가지고 있다

  People who **have a sense of purpose** are often happier in life.

  목적의식을 가지고 있는 사람들은 인생에서 행복한 경우가 흔하게 있다.

  If you **have a sense of purpose**, difficult tasks can seem easier.

  당신이 목적의식을 가지고 있다면, 어려운 일들이 더 쉬워 보일 수 있다.

/ 끊어 읽기　● 강세 넣기

To**day** / I **want** to **talk** about **pur**pose. / But I'm **not here** to **give** you / the **stan**dard com**men**cement / about **find**ing your **pur**pose. / We're millennials. / We'll **try** to **do** that / ins**tinc**tively.

Instead, / I'm **here** to **tell** you / that **find**ing your **pur**pose / **isn't** e**nough**. / The **chall**enge for our gene**ra**tion / is to cre**ate** a **world** / where **every**one / has a **sense** of **pur**pose. / **One** of my **fa**vorite **stor**ies / is when J. F. **K.** / **went** to go **v**isit the NASA **space** center, / and he **saw** a janitor / **hold**ing a **broom**, / and he **ask**ed him / **what** he was **do**ing, / and the **jan**itor replied, / "Mr. **Pre**sident, / I'm **help**ing **put** a **man** / on the **moon**."

Purpose is **that feel**ing / that you are a **part** of **some**thing / **big**ger than your**self**, / that you are **need**ed, / and that you have **some**thing **bet**ter a**head** / to **work** for. / **Pur**pose / is what cre**ates** **true hap**piness.

오늘 저는 '목적'에 대한 이야기를 하려고 합니다. 하지만 졸업식에서 늘 말하는 '여러분 삶의 목적을 찾으세요!'라는 말을 하려고 온 것은 아닙니다. 우리는 밀레니얼 세대입니다. 우리는 본능적으로 목적을 찾을 것입니다.

대신에, 저는 여러분에게 목적을 찾는 것만으로는 충분하지 않다는 말을 하고자 합니다. 우리 세대의 도전 과제는 개개인 모두가 '목적의식'을 갖고 사는 세상을 만드는 것입니다. 제가 좋아하는 이야기 중 하나는 케네디 대통령이 NASA 우주 센터를 방문했을 때의 일인데, 한 청소부가 빗자루를 들고 있는 것을 보고, 대통령이 그에게 무엇을 하고 있는지 물었습니다. 그러자 그 청소부가 대답했습니다. "대통령 님, 저는 지금 인간을 달로 보내는 일을 도와주고 있습니다."

목적의식이란, 나 자신보다 훨씬 큰 무언가의 일부가 된 느낌, 나를 필요로 하는 느낌, 더 나은 무언가를 향해 일하는 느낌을 말합니다. 목적이란 진정한 행복을 창조하는 것입니다.

마크 저커버그 하버드 대학교 졸업식 축사

Today I want to talk about three ways to create a world where everyone **has a sense of purpose**: by **taking on big meaningful projects** together, by **redefining equality** so everyone has the freedom to pursue purpose, and by **building community** across the world.

First, let's take on big meaningful projects. More than 300,000 people worked to put a man on the moon. Millions of more people built the Hoover Dam[1] and other great projects. Now it's our turn to **do great things**.

I know, you're probably thinking: I don't know how to build a dam, or **get a million people involved in anything**. But let me **tell you a secret**: No one does when they begin. Ideas don't **come out fully formed**. They only **become clear** as you work on them. You just have to **get started**.

---

1 Hoover Dam 후버 댐. 미국 애리조나주와 네바다주 경계에 위치한 콜로라도 강에 건설된 다목적 댐이다. 미국에서 두 번째로 높은 댐으로, 미국 서부 지역의 주요 상수원이자 하류의 홍수 방지 및 발전과 관개에 주로 이용하고 있다.

주요 표현 확인

have a sense of purpose
목적의식을 갖고 있다

redefine equality 평등을 재정의하다

build community
지역 공동체를 만들어 가다

do great things 위대한 일을 하다

get someone involved in something ~을 ~의 일원이 되게 만들다

tell someone a secret
~에게 비밀을 말하다

become clear 명확해지다

get started 시작하다

핵심 패턴 연습

- **take on big meaningful projects** 의미 있는 큰 과업에 도전하다

  Scientists **take on big meaningful projects** to solve global problems.
  과학자들은 세계적인 문제들을 해결하기 위해 의미 있는 큰 과업에 도전한다.

  Young people are encouraged to **take on big meaningful projects** for their future.
  젊은이들은 그들의 미래를 위해 의미 있는 큰 과업에 도전하도록 격려받는다.

- **come out fully formed** 완성된 형태를 띠게 되다

  With practice, your skills will **come out fully formed**.
  연습을 통해, 당신의 실력이 완성될 것이다.

  Solutions to problems do not **come out fully formed** immediately.
  문제의 해결책들은 즉시 완성된 형태로 나오지 않는다.

낭독 훈련

/ 끊어 읽기   ● 강세 넣기

Today / I want to talk about three ways / to create a world /
where everyone has a sense of purpose: / by taking on big
meaningful projects together, / by redefining equality / so
everyone has the freedom / to pursue purpose, / and by
building community / across the world.

First, / let's take on big meaningful projects. / More than
300,000 people / worked to put a man on the moon. / Millions
of more people / built the Hoover Dam / and other great
projects. / Now / it's our turn / to do great things.

I know, / you're probably thinking: / I don't know / how to
build a dam, / or get a million people involved / in anything. /
But let me tell you a secret: / No one does / when they begin. /
Ideas don't come out / fully formed. / They only become
clear / as you work on them. / You just have to get started.

오늘 저는 개개인 모두가 목적의식을 갖는 세상을 만들기 위한 세 가지 방법을 이야기하고자 합니다. 의미 있는 대규모 프로젝트를 실행함으로써, 모든 사람이 목적을 추구할 자유를 갖도록 평등의 개념을 재정비함으로써, 그리고 전 세계가 연결된 커뮤니티를 만듦으로써 말입니다.

첫 번째로, 의미 있는 프로젝트에 도전합시다. 30만 명이 넘는 사람들이 인간을 달에 보내기 위해 일했습니다. 수백만 명의 사람들이 후버 댐을 건설하고 다른 대형 프로젝트를 진행했습니다. 이제 우리의 차례입니다. 위대한 일을 할 차례 말입니다.

압니다. 여러분은 아마도 이렇게 생각할 것입니다. "저는 댐을 어떻게 건설하는지 모르고, 수백만 명의 사람들을 어떻게 동원시킬 수 있는지도 몰라요." 하지만 제가 비밀을 하나 알려 드릴게요. 누구나 처음 시작할 때는 아무것도 몰라요. 아이디어라는 것은 완성된 상태로 하늘에서 뚝 떨어지는 것이 아닙니다. 일을 하다보면 명확해지는 것이지요. 일단 시작을 해야 합니다.

마크 저커버그 하버드 대학교 졸업식 축사

The second is **redefining equality** to give everyone the freedom they need to pursue purpose. Many of our parents **had stable jobs** throughout their careers. Now we're all **entrepreneurial**.

An entrepreneurial culture **thrives** when it is easy to **try lots of new ideas**. Facebook[1] wasn't the first thing I built. I also built **chat systems**, and games, **study tools**, and music players. And I'm not alone. J. K. Rowling got rejected 12 times before she finally wrote and published Harry Potter.[2] Even Beyoncé[3] had to make hundreds of songs to get 'Halo'. **The greatest successes** come from **having the freedom to fail**.

Now, today, we have a level of **wealth inequality** that hurts everyone. When you don't have the freedom to take your idea and turn it into a **historic enterprise**, we all lose. And right now today our society **is way over-indexed** on rewarding people when they're successful, and we don't do nearly enough to make sure that everyone can **take lots of different shots**.

---

1 Facebook 페이스북. 서로의 개인 정보와 글, 동영상 등을 상호 교류하는 세계 최대의 소셜 네트워크 서비스(SNS). 2021년 10월 메타(Meta)로 이름을 변경하였다.

2 Harry Potter 소설 「해리 포터」 시리즈. 고아 소년 해리 포터가 친척 집에 맡겨져 천대를 받다가 호그와트 마법 학교에 입학하면서 마법사 세계의 영웅이 된다는 줄거리를 담고 있는 판타지 성장 소설.

3 Beyoncé 비욘세. 빌보드 선정 2000년대 가장 성공한 여성 아티스트이자 최고 권위의 음악 시상식 그래미 어워즈(Grammy Awards)에서 역사상 가장 많은 상을 수상한 미국의 가수 겸 배우.

redefine equality 평등을 재정의하다

have a stable job
안정적인 직업을 갖고 있다

entrepreneurial 기업가적인

thrive 번창하다

chat system 채팅 시스템

study tool 학습 도구

the greatest success 가장 위대한 성공

have the freedom to fail
실패할 자유를 갖다

wealth inequality 부의 불평등

historic enterprise 역사적인 기업

be way over-indexed
과도하게 중점을 두다

핵심 패턴 연습

- **try lots of new ideas** 새로운 아이디어를 여러 가지 시도해 보다

  When you write stories, **try lots of new ideas** for fun.
  이야기를 쓸 때는, 재미를 위해 새로운 아이디어를 여러 가지 시도해 봐라.

  Inventors **try lots of new ideas** until they come up with a new invention.
  발명가들은 새로운 발명품을 탄생시키기 전까지 새로운 아이디어를 여러 가지 시도해 본다.

- **take lots of different shots** 다양한 시도를 여러 차례 하다

  The chef **took lots of different shots** to create the perfect recipe.
  그 요리사는 완벽한 레시피를 만들기 위해 다양한 시도를 여러 차례 했다.

  It's important to **take lots of different shots** at drafting and revising your work.
  본인의 작품을 작성하고 수정할 때 다양한 시도를 여러 차례 해 보는 것이 중요하다.

The **se**cond is rede**fi**ning e**qua**lity / to **give every**one the **free**dom they **need** / to pur**sue** pur**pose**. / **Ma**ny of our **pa**rents / had **stable jobs** / through**out** their ca**reers**. / **Now** / we're **all** entrepre**neu**rial.

An entrepre**neu**rial **cul**ture **thrives** / when it is **ea**sy to **try** / **lots** of **new ideas**. / **Face**book / **wasn't** the **first** thing I **built**. / I **al**so built **chat** systems, / and **games**, / **stu**dy tools, / and **mu**sic players. / And I'm **not** a**lone**. / J. K. **Row**ling / got re**jec**ted 12 times / before she **fi**nally **wrote** and **pub**lished / **Har**ry Potter. / Even Be**yon**cé / **had** to make **hun**dreds of **songs** / to **get** 'Halo'. / The **grea**test suc**cess**es / **come** from **ha**ving the **free**dom / to **fail**.

Now, / to**day**, / we **have** a **le**vel of wealth ine**qua**lity / that **hurts every**one. / When you **don't** have the **free**dom / to **take** your **idea** / and **turn** it into a his**to**ric en**ter**prise, / we **all lose**. And **right** now to**day** / our so**ci**ety is **way** over-in**dexed** / on re**war**ding **peo**ple / when they're suc**cess**ful, / and we **don't** do **near**ly enough / to **make sure** that / **every**one can take **lots** of **dif**ferent **shots**.

두 번째는 평등의 개념을 재정비하여 개개인 모두가 자신만의 목적을 추구할 자유가 있음을 일깨워 주는 것입니다. 우리 부모 세대는 평생 안정적인 직장을 누리고 살았지만, 우리 세대는 기업가 정신으로 살아가고 있습니다.

기업가 문화는 다양한 아이디어가 허용되는 분위기 속에서 번창할 수 있습니다. 페이스북은 저의 첫 작품이 아닙니다. 저는 채팅 시스템, 게임, 학습 도구, 그리고 음악 플레이어 등도 만들었습니다. 저만 이런 것이 아닙니다. J. K. 롤링은 해리 포터를 출간하기 전에 12번이나 거절을 당했습니다. 비욘세 마저도 'Halo'라는 명곡을 얻기까지 수백 곡의 노래를 만들어야 했습니다. 위대한 성공은 실패할 자유에서 나옵니다.

하지만 오늘날, 우리는 모두에게 해를 끼치는 수준의 부의 불평등을 가지고 있습니다. 만약 여러분이 자신의 아이디어를 가지고 역사적인 기업을 만들 자유가 없다면, 우리 모두는 손해를 보게 됩니다. 그리고 지금 우리 사회는 성공한 사람들을 보상하는 것에만 너무 치우쳐 있고, 모든 사람이 여러 번 시도해 보도록 보장하는 것은 신경 쓰지 않습니다.

Purpose doesn't only come from work. The third way we can create a sense of purpose for everyone is by building community. And when our generation says "everyone", we mean everyone in the world.

We understand the great arc of human history bends toward people coming together in ever greater numbers—from tribes to cities to nations—to achieve things we couldn't on our own.

Change starts local. Even global changes start small—with people like us. In our generation, the struggle of whether we connect more, whether we achieve our biggest opportunities, comes down to this—your ability to build communities and create a world where every single person has a sense of purpose. You are graduating into a world that needs purpose. It's up to you to create it.

Congratulations! Good luck out there.

주요 표현 확인

come from work 일에서 오다

build community
지역 공동체를 만들어 가다

great arc of human history
인류 역사의 큰 흐름

bend toward ~쪽으로 구부러지다

tribe 부족, 종족

start local 지역에서 시작되다

global change 세계적인 변화

struggle 노력, 몸부림

graduate into a world
세상으로 나오기 위해 졸업하다

핵심 패턴 연습

- **comes down to** ~로 귀결되다, 결국 ~에 달려 있다

  Winning the game **comes down to** teamwork and strategy.
  경기에서 이기는 것은 팀워크와 전략으로 귀결된다.

  Completing the puzzle **comes down to** patience and attention to detail.
  퍼즐을 완성하기 위해서는 인내심과 꼼꼼하게 디테일을 챙기는 노력이 결국 필요하다.

- **It is up to someone to** ~하는 것은 ~에게 달려 있다

  It is up to the teacher to explain difficult concepts clearly to the students.
  학생들에게 어려운 개념을 명확하게 설명하는 것은 선생님에게 달려 있다.

  It is up to the author to write an exciting adventure story for kids.
  어린이들을 위한 흥미진진한 모험 이야기를 쓰는 것은 작가에게 달려 있다.

Purpose / doesn't only come from work. / The third way / we can create a sense of purpose / for everyone / is by building community. / And / when our generation says "everyone", / we mean everyone / in the world.

We understand / the great arc of human history / bends towards people coming together / in ever greater numbers / —from tribes to cities to nations / —to achieve things we couldn't / on our own.

Change / starts local. / Even global changes / start small / —with people like us. / In our generation, / the struggle of whether we connect more, / whether we achieve our biggest opportunities, / comes down to this / —your ability to build communities / and create a world / where every single person / has a sense of purpose. / You are graduating into a world / that needs purpose. / It's up to you / to create it.

Congratulations! / Good luck out there.

'목적'은 반드시 '일'을 통해서만 얻어지는 것이 아닙니다. 모두에게 목적 의식을 만들어 주는 세 번째 방법은 바로 커뮤니티 구축입니다. 그리고 우리 세대가 "모두"라고 말할 때, 우리는 세상의 모든 사람을 의미합니다.

우리는 인류 역사의 큰 흐름이 개개인 혼자서는 할 수 없던 일들을 이루기 위해, 부족에서 도시로, 도시에서 국가로, 그렇게 사람들이 함께 모이는 방향으로 진화하고 있음을 우리는 압니다.

변화는 내가 사는 '지역'에서 시작됩니다. 심지어 세계적인 변화도 작은 것에서부터 시작됩니다. 우리 같은 사람들로부터 말이죠. 우리 세대에서, 우리가 더 긴밀하게 연결되기 위한 노력과 중요한 기회들을 포착하기 위한 노력은 결국 이것에 달려 있습니다. 여러분이 여러분만의 공동체를 구축하고 모든 개개인이 목적의식을 갖는 세상을 만드는 능력에 달려 있습니다. 여러분은 이제 졸업과 동시에 목적이 필요한 세상으로 나아갑니다. 그런 세상을 만드는 것은 여러분에게 달려 있습니다.

축하합니다! 그곳에서 행운을 빕니다.

● 연설문의 내용 중 기억하고 싶은 문장 또는 문단을 따라 적어 보세요.

● 위 구절이 마음에 와닿았던 이유도 자유롭게 적어 보세요.

Tim Cook's Commencement Address at Duke University, 2018

팀 쿡 듀크 대학교 졸업식 축사, 2018

팀 쿡(Tim Cook)은 세계적인 전자 제품 제조사인 애플(Apple)의 최고 경영자이다. 2011년부터 애플의 창립자인 스티브 잡스의 후임으로 회사를 경영하며, 제품 혁신과 기술 발전은 물론 사회적 책임을 이행하기 위해 노력하고 있다.

그는 2018년 듀크 대학교에서 졸업생들에게 더 나은 세상을 만들기 위해 도전을 두려워하지 말고 현실에 안주하지 말 것을 당부했다. 또한 기술의 영향력을 언급하며 윤리적이고 책임감 있는 방식으로 기술을 사용할 것을 촉구하는 메시지를 전했다.

팀 쿡 듀크 대학교 졸업식 축사

You entered the world at a time of great challenge. Our country is deeply divided, and too many Americans refuse to hear any opinion that differs from their own. Our planet is warming with devastating consequences. And there's some that even deny it is happening.

Our schools and communities suffer from deep inequality. We fail to guarantee every student the right to a good education. And yet, we are not powerless in the face of these problems. You are not powerless to fix them.

No generation has ever had more power than yours. And no generation has a chance to change things faster than yours can. The pace at which progress is possible has accelerated dramatically. Aided by technology, every individual has the tools, potential, and reach to build a better world. That makes this the best time in history to be alive.

주요 표현 확인

be deeply divided
심하게 분열되어 있다

planet 지구, 세상

deep inequality 심각한 불평등

guarantee 보장하다

right to a good education
좋은 교육을 받을 권리

powerless 힘이 없는, 무기력한

change things faster
더 빠르게 변화시키다

progress 진보, 발전

aided by technology
기술의 도움을 받아

potential 잠재력

the best time in history
역사상 가장 살기 좋은 시대

be alive 살아 있다

핵심 패턴 연습

- **devastating consequences** 끔찍한 결과

Ignoring traffic lights often leads to accidents with **devastating consequences**.
교통 신호를 무시하는 것은 종종 끔찍한 결과를 일으키는 사고로 이어진다.

If we waste our resources, our community will face **devastating consequences**.
우리가 자원을 낭비하면, 우리 지역 사회는 끔찍한 결과에 직면하게 될 것이다.

- **have accelerated dramatically** 확연하게 가속화되었다

Economic growth in the region **has accelerated dramatically**.
그 지역의 경제 성장이 확연하게 가속화되었다.

Social media usage **has accelerated dramatically** among young people.
소셜 미디어의 사용이 젊은 사람들 사이에서 확연하게 가속화되었다.

You entered the **world** / at a **time** of **great chall**enge. / Our **cou**ntry is **deep**ly divided, / and **too** many Americans / re**fuse** to **hear** any o**pin**ion / that **diff**ers from their **own**. / Our **plan**et is **warm**ing / with **dev**astating **con**sequences. / And there's **some** / that **even** de**ny** / it is **happ**ening.

Our **schools** and commu**ni**ties / **suff**er from **deep** ine**qual**ity. / We **fail** to guaran**tee** every **stu**dent / the **right** to a **good** edu**ca**tion. / And **yet**, / we are **not po**werless / in the **face** of these **prob**lems. / **You** are **not po**werless / to **fix** them.

No generation / has **ever** had **more po**wer / than **yours**. / And **no** gene**ra**tion / has a **chance** to **change** things / **fast**er than **yours** can. / The **pace** at which **prog**ress is **poss**ible / has ac**cel**erated dra**mat**ically. / **Aid**ed by tech**no**logy, / **every** indi**vi**dual has the **tools**, / po**ten**tial, / and **reach** / to **build** a **bet**ter world. / **That** makes this / the **best** time in **his**tory / to be a**live**.

여러분은 큰 도전의 시대에 태어났습니다. 우리나라는 심하게 분열되었고, 많은 미국인들이 자신과 다른 어떠한 의견도 듣고 싶어하지 않습니다. 지구는 파괴적인 결과를 초래하며 온난화를 맞고 있습니다. 어떤 이들은 이같은 현상을 부인하기도 합니다.

학교와 공동체는 심각한 불평등으로 고통받고 있습니다. 우리는 모든 학생에게 좋은 교육을 받을 권리를 보장하는 데 실패했습니다. 하지만, 우리는 이러한 문제들 앞에서 무기력하지 않습니다. 우리에게는 이 문제들을 해결할 힘이 없지 않습니다.

그 어떤 세대도 여러분만큼 힘을 가진 적이 없습니다. 그 어떤 세대도 여러분처럼 빠르게 변화를 이루어 낼 기회를 가진 적이 없습니다. 발전 가능 속도가 극적으로 더 빨라졌습니다. 기술의 도움으로, 각 개인은 더 나은 세상을 만들기 위한 도구, 잠재력, 그리고 영향력을 지니고 있습니다. 이것이 역사상 가장 살기 좋은 시기를 만들었습니다.

팀 쿡 듀크 대학교 졸업식 축사

Whatever you **choose to do with your life**, wherever your **passion** takes you, I **urge you to** take the power you have been given and **use it for good**.

Aspire to **leave this world better** than you found it. I didn't always see life as clearly as I do today. But I've learned **the greatest challenge of life** is knowing when to **break with conventional wisdom**. Don't just accept the world you **inherit** today. Don't just **accept the status quo**. No big challenge has ever been solved and no lasting improvement has ever been achieved unless people **dare to try something different**. Dare to think different.[1]

In every way, at every turn, the question we ask ourselves is not **what can we do**, but **what should we do**. Because Steve[2] taught us that's **how change happens**. And from him, I learned to **never be content with** the way that things are.

---

1 think different 스티브 잡스(Steve Jobs)가 1997년 다시 애플(Apple)로 복귀한 해 제작된 광고 문구. 스티브 잡스는 이 광고를 통해 애플이라는 브랜드의 존재 이유와 핵심 가치를 분명하게 알리고자 했다.
2 Steve 스티브 잡스를 가리키는 말.

주요 표현 확인

choose to do with one's life
인생에서 ~을 하기로 선택하다

passion 열정

urge someone to 강력히 촉구하다

use it for good 좋은 일에 사용하다

aspire 열망하다

leave this world better
세상을 더 좋게 만들고 떠나다

the greatest challenge of life
인생의 가장 큰 도전

inherit 물려받다

dare to try something different
과감히 다른 무언가를 시도할 용기를 갖다

what can someone do
무엇을 할 수 있을까

what should someone do
무엇을 해야만 할까

how change happens
변화가 일어나는 방식

never be content with
~에 절대 만족하지 않다

핵심 패턴 연습

- **break with conventional wisdom** 사회적 통념에서 벗어나다

  They chose to **break with conventional wisdom** and homeschool their children.

  그들은 사회적 통념에서 벗어나 홈스쿨링으로 아이들을 가르치기로 결정했다.

  She decided to **break with conventional wisdom** and pursue her own path in life.

  그녀는 사회적 통념에서 벗어나 자신만의 인생 여정을 추구하기로 결심했다.

- **accept the status quo** 현실에 안주하다

  Innovators are those who refuse to **accept the status quo**.

  혁신가들은 현실에 안주하길 거부하는 사람들이다.

  It is hard to **accept the status quo** when you know things could be better.

  상황이 더 나아질 수 있다는 것을 알고 있을 때에는 현실에 안주하기 어렵다.

낭독 훈련

/ 끊어 읽기   ● 강세 넣기

Whatever you choose / to do with your life, / wherever your passion takes you, / I urge you / to take the power you have been given / and use it for good.

Aspire to leave this world / better than you found it. / I didn't always see life / as clearly as I do today. / But I've learned / the greatest challenge of life / is knowing / when to break with conventional wisdom. / Don't just accept the world / you inherit today. / Don't just accept the status quo. / No big challenge / has ever been solved / and no lasting improvement / has ever been achieved / unless people dare / to try something different. / Dare to think different.

In every way, / at every turn, / the question we ask ourselves / is not what can we do, / but what should we do. / Because Steve taught us / that's how change happens. / And from him, / I learned to never be content / with the way that things are.

여러분이 인생에서 무엇을 선택하든, 어디에 열정을 쏟든, 주어진 힘을 선한 일에 쓰도록 노력하십시오.

여러분이 이 세상을 처음 발견했을 때보다 더 나은 세상으로 만들기 위해 노력하십시오. 저는 세상을 지금처럼 선명하게 보지는 못했습니다. 하지만 제가 배운 인생의 가장 어려운 도전은 관습과 이별해야 할 때가 언제인지를 아는 것이었습니다. 세상을 있는 그대로 받아들이지 마십시오. 현실에 안주하지 마십시오. 새로운 것을 시도할 용기를 내지 않았다면 그 어떤 문제도 해결되지 않았고, 그 어떤 지속적인 개선도 이루어질 수 없었을 것입니다. 다르게 생각할 용기를 가져 보세요.

모든 면에서, 모든 순간에, 우리가 스스로에게 해야할 질문은 '우리가 무엇을 할 수 있을까'가 아니라 '우리는 무엇을 해야만 하는가'입니다. 스티브 잡스는 변화가 그렇게 일어난다고 우리에게 가르쳐 주었습니다. 그에게서, 저는 현재 상태에 결코 만족해서는 안된다는 것을 배웠습니다.

So today's ceremony isn't just about presenting you with a degree. It is about presenting you with a question. How will you challenge the status quo? How will you push the world forward?

Don't let those worries stop you from making a difference. Fearlessness means taking the first step, even if you don't know where it will take you. It means being driven by a higher purpose rather than by applause.

Whatever path you've chosen, be it medicine or business, engineering or the humanities, whatever drives your passion, be the last to accept the notion that the world you inherit cannot be improved. Be the last to accept the excuse that says, 'That's just how things are done here.'

Duke graduates, you should be the last people to accept it. And you should be the first to change it. You are uniquely qualified and therefore uniquely responsible to build a better way forward. That won't be easy.

주요 표현 확인

degree 학위

challenge the status quo
현재의 상황에 도전하다

push the world forward
세상을 앞으로 나아가게 하다

fearlessness 겁을 잊은 심리 상태

take the first step 첫발을 내딛다

be driven by a higher purpose
더 큰 목적에 의해 동기 부여를 받다

applause 박수갈채

medicine 의학

engineering 공학

humanities 인문학

drive one's passion 열정을 불러일으키다

accept the notion 생각을 받아들이다

excuse 변명

how things are done
어떻게 일이 진행되는지

be uniquely qualified
특별한 자질을 갖추다

uniquely responsible
특별한 책임이 있는

핵심 패턴 연습

- ### make a difference 긍정적인 변화를 일구어 내다

  Small acts of kindness can **make a difference** in the community.
  작은 친절한 행동이 지역 사회에 긍정적인 변화를 일구어 낼 수 있다.

  Learning something new every day can **make a difference** in your life.
  매일 새로운 무언가를 배우는 것은 삶에 긍정적인 변화를 일구어 낼 수 있다.

- ### build a better way forward 더 나은 미래를 만들어 가다

  Protecting the environment is crucial to **build a better way forward**.
  환경을 보호하는 것은 더 나은 미래를 만들어 가는 데에 필수불가결하다.

  Unity and cooperation are keys to **build a better way forward** in our society.
  단합과 협력이 우리 사회에서 더 나은 미래를 만들어 가는 비결이다.

⟋ 끊어 읽기   ● 강세 넣기

So today's ceremony / isn't just about presenting you / with a degree. / It is about presenting you / with a question. / How will you challenge / the status quo? / How will you push the world forward?

Don't let those worries stop you / from making a difference. / Fearlessness means / taking the first step, / even if you don't know / where it will take you. / It means being driven / by a higher purpose / rather than by applause.

Whatever path you've chosen, / be it medicine or business, / engineering or the humanities, / whatever drives your passion, / be the last to accept the notion / that the world you inherit / cannot be improved. / Be the last to accept the excuse / that says, / 'That's just how things / are done here.'

Duke graduates, / you should be the last people / to accept it. / And you should be the first / to change it. / You are uniquely qualified / and therefore / uniquely responsible / to build a better way forward. / That won't be easy.

따라서 오늘 졸업식은 단순히 여러분에게 학위를 수여하는 것이 아닙니다. 여러분에게 질문을 하나 던지고자 합니다. 여러분은 현 상태에 어떻게 도전할 것인가요? 어떻게 세상을 앞으로 나아가게 하겠습니까?

그런 걱정들이 세상을 바꾸려는 여러분의 노력을 멈추게 해서는 안됩니다. 두려움 없는 삶이란, 어디로 이끌릴지 모르는 상태라도 첫 걸음을 내딛는 것을 의미합니다. 그것은 박수갈채보다 더 높은 목적에 의해 움직이는 삶을 의미합니다.

여러분이 선택한 길이 무엇이든, 그것이 의학이든 경영학이든, 공학이든 인문학이든, 여러분의 열정을 불러일으키는 것이 무엇이든, 여러분이 물려받은 세상은 개선될 수 없다는 생각을 받아들이는 마지막 사람이 되십시오. '이곳에서는 원래 그래.'라는 변명을 받아들이는 최후의 사람이 되십시오.

듀크 졸업생 여러분, 여러분은 현실에 안주하는 마지막 사람이어야 합니다. 여러분은 변화를 꾀하는 첫 번째 사람이 되어야 합니다. 여러분은 특별한 자격을 갖춘 사람들이고 따라서 더 나은 미래를 만들어야 할 특별한 책임이 있습니다. 그것은 쉽지 않을 것입니다.

팀 쿡 듀크 대학교 졸업식 축사

It will **require great courage**. But that courage will not only help you **live your life to the fullest**, it will **empower** you to **transform** the lives of others.

If you **step up** without **fear of failure**, if you talk and listen to each other without **fear of rejection**, if you **act with decency and kindness** even when no one is looking, even if it seems small or **inconsequential**, trust me, the rest will **fall into place**.

Duke graduates, **be fearless**! Be the last people to accept things as they are. And the first people to stand up and **change them for the better**.

주요 표현 확인

require great courage
큰 용기를 필요로 하다

empower ~할 수 있는 역량을 제공하다

transform 완전히 변모시키다

step up 한발 앞으로 나서다

fear of failure 실패에 대한 두려움

fear of rejection 거절에 대한 두려움

act with decency and kindness
품위와 친절함을 가지고 행동하다

inconsequential 하찮은

be fearless 두려움 없이 행동하다

change something for the better
더 나은 것으로 변화시키다

핵심 패턴 연습

- **live one's life to the fullest** 인생을 충만하게 살다

  Reading books every day helps me **live my life to the fullest**.
  매일 책을 읽는 것은 내가 인생을 충만하게 살게 한다.

  Spending time with loved ones helps us **live our lives to the fullest**.
  사랑하는 사람들과 함께 시간을 보내는 것은 우리가 인생을 충만하게 살게 한다.

- **fall into place** 제자리를 찾아가다

  After some confusion, everything finally **fell into place**.
  혼란 뒤에, 모든 것이 마침내 제자리를 찾아갔다.

  As you grow older, many things in life tend to **fall into place**.
  나이가 들수록, 삶의 많은 것들이 점점 제자리를 찾아가는 경향이 있다.

It will re**quire** / **great cou**rage. / But that **courage** / will **not** only **help** you / **live** your **life** to the **full**est, / it will em**po**wer you / to trans**form** the **lives** of **others**.

If you step **up** / with**out fear** of **fai**lure, / if you **talk** and **list**en to each **o**ther / with**out fear** of re**jec**tion, / if you **act** with **de**cency and **kind**ness / **e**ven when **no** one is **look**ing, / **e**ven if it seems **small** / or inconse**quen**tial, / **trust** me, / the **rest** / will **fall** into **place**.

Duke gra**du**ates, / be **fear**less! / Be the **last peo**ple / to ac**cept** things as they **are**. / And the **first peo**ple / to stand **up** / and **change** them / for the **bet**ter.

그것은 큰 용기를 요구할 것입니다. 하지만 그 용기는 여러분 삶을 충만하게 만들어 줄 뿐 아니라, 다른 사람의 삶도 변화시킬 힘을 줄 것입니다.

여러분이 실패에 대한 두려움 없이 앞으로 나아간다면, 거절에 대한 두려움 없이 다른 사람과 대화하고 경청한다면, 보는 사람이 없더라도 품위를 지키며 친절하게 행동한다면, 그것이 아무리 작고 하찮아 보일지라도, 믿으세요, 모든 것이 제자리를 찾아갈 것입니다.

듀크 졸업생 여러분, 두려워 마십시오! 현실에 안주하는 마지막 사람이 되십시오! 자리를 박차고 일어나 더 나은 세상을 만드는 첫 번째 사람이 되십시오!

● 연설문의 내용 중 기억하고 싶은 문장 또는 문단을 따라 적어 보세요.

● 위 구절이 마음에 와닿았던 이유도 자유롭게 적어 보세요.

Jim Carrey's Commencement Address at MIU, 2014

짐 캐리 마하리시 국제 대학교 졸업식 축사, 2014

짐 캐리(Jim Carrey)는 영화 《트루먼 쇼》와 《이터널 선샤인》 등에 출연한 미국의 배우이자 코미디언이다.

그는 2014년 마하리시 국제 대학교 졸업생들에게 실패를 두려워하지 말고 그들이 진정으로 원하는 것을 추구하도록 격려했다. 연설 중간에 자신이 직접 그린 그림을 공개하며, 진정한 자아를 찾는 법과 두려움을 극복하는 방법에 대해 이야기했다. 이 연설은 선택과 용기에 대해 생각하게 하며, 많은 졸업생들에게 희망과 영감을 주었다.

I'm here to plant a seed today. A seed that will inspire you to move forward in life with enthusiastic hearts and a clear sense of wholeness.

Now, fear is going to be a player in your life, but you get to decide how much. You can spend your whole life imagining ghosts, worrying about the pathway to the future, but all there will ever be is what's happening here, and the decisions we make in this moment, which are based in either love or fear. So many of us choose our path out of fear disguised as practicality.

What we really want seems impossibly out of reach and ridiculous to expect. So we never dare to ask the universe for it. I'm saying I'm the proof that you can ask the universe for it. And if it doesn't happen for you right away, it's only because the universe is so busy fulfilling my order.

주요 표현 확인

plant a seed 씨앗을 심다

enthusiastic heart 열정적인 마음

a clear sense of wholeness
온전하다는 느낌

be a player in one's life
~의 인생에 함께하다

get to decide 결정하게 되다

pathway to the future 미래로 가는 길

choose one's path 길을 선택하다

disguised as practicality
현실성으로 위장된

impossibly out of reach
불가능할 만큼 손이 닿지 않는

ridiculous to expect
바라기에 터무니없는

right away 즉시

fulfill one's order 주문을 처리하다

핵심 패턴 연습

• **move forward in life** 인생에서 한 걸음 앞으로 나아가다

It is important to learn from mistakes and continue to **move forward in life**.
실수로부터 배우고 계속하여 인생에서 한 걸음 앞으로 나아가는 것이 중요하다.

Forgiving others allows us to let go of the past and **move forward in life**.
타인을 용서하는 것은 우리가 지난 일은 떨쳐 버리고 인생에서 한 걸음 앞으로 나아가도록 한다.

• **spend one's whole life** 한평생을 보내다

Some people **spend their whole life** chasing after material wealth.
어떤 사람들은 물질적인 부를 좇는 데 한평생을 보낸다.

He **spent his whole life** exploring the world and experiencing different cultures.
그는 전 세계를 탐험하고 다양한 문화를 경험하며 한평생을 보냈다.

I'm **here** / to **plant** a **seed** to**day**. / A **seed** / that will in**spire** you / to **move for**ward in **life** / with enthusi**a**stic **hearts** / and a **clear sense** of **whole**ness.

Now, / **fear** is **go**ing to be a **play**er / in your **life,** / but you **get** to de**cide** / **how** much. / You can **spend** your **whole life** / im**a**gining **ghosts,** / **wor**rying about the **path**way / to the **fu**ture, / but **all** there will **ever be** / is what's **hap**pening **here,** / and the de**ci**sions we **make** / in this **mo**ment, / which are **ba**sed / in **ei**ther **love** or **fear.** / **So ma**ny of us / **choose** our **path** out of **fear** / dis**gui**sed as practi**ca**lity.

What we **real**ly **want** / seems im**pos**sibly out of **reach** / and ri**di**culous to ex**pect.** / So we **never dare** / to **ask** the **u**niverse for it. / I'm **say**ing I'm the **proof** / that you can **ask** / the **u**niverse for it. / And if it **doesn't hap**pen for you / **right** away, / it's **on**ly because / the **u**niverse is **so** busy / ful**fill**ing **my or**der.

저는 오늘 한 톨의 씨앗을 심으러 이곳에 왔습니다. 뜨거운 열정과 온전하다는 느낌을 통해 여러분이 미래로 나아갈 영감을 줄 수 있는 씨앗 말입니다.

이제, 두려움이 여러분의 삶을 좌지우지하겠지만, 그것이 여러분 인생에 얼마나 영향을 줄지는 여러분이 결정합니다. 여러분은 두려운 생각에 사로잡혀, 앞날을 걱정하며 평생을 보낼 수도 있지만, 결국 존재하는 것은 여기에서 일어나고 있는 일과 이 순간에 내리는 결정뿐입니다. 그 결정은 사랑 혹은 두려움을 기반으로 하고 있습니다. 우리 중 많은 사람들이 '현실성'으로 가장한 '두려움'으로 자신의 앞날을 결정합니다.

우리가 정말 원하는 것은 왠지 도달할 수 없고 헛된 기대를 하는 것처럼 느껴집니다. 그래서 우리는 우주에게 그것을 감히 요청하지도 못합니다. 제가 바로 증인입니다. 우주에게 요청할 수 있다는 사실을 알려 줄 증인 말이지요. 만약 여러분의 요청이 바로 실행되지 않는다면, 그것은 단지 우주가 제 주문을 처리하느라 바빠서 그런 것뿐입니다.

짐 캐리 마하리시 국제 대학교 졸업식 축사

My father could have been a great comedian, but he didn't believe that that was possible for him. And so he **made a conservative choice**. Instead, he **got a safe job** as an **accountant**. And when I was 12 years old, he **was let go from that safe job** and our family had to do whatever we could to survive.

I **learned many great lessons** from my father, **not the least of which** was that you can fail at what you don't want, so you might as well **take a chance on** doing what you love.

He treated my talent as if it was **his second chance**. When I was about 28, after a decade as a **professional comedian**, I realized one night in LA that **the purpose of my life** had always been to **free people from concern**, just like my dad.

주요 표현 확인

make a conservative choice
보수적인 선택을 하다

get a safe job 안정적인 직업을 얻다

accountant 회계사

be let go from that safe job
안정적인 직장에서 해고당하다

not the least of which
그중 특히 중요한 것

one's second chance 두 번째 기회

professional comedian 전문 코미디언

the purpose of one's life 삶의 목적

free people from concern
사람들을 걱정으로부터 자유롭게 하다

핵심 패턴 연습

- **learn many great lessons** 훌륭한 교훈을 많이 얻다

  Volunteer work enables us to **learn many great lessons**.
  봉사 활동은 우리가 훌륭한 교훈을 많이 얻을 수 있게 한다.

  Through failure, we can **learn many great lessons** that guide our future.
  실패를 통해, 우리는 미래의 안내자 역할을 해줄 수 있는 훌륭한 교훈을 많이 배울 수 있다.

- **take a chance on** ~에 모험을 걸어 보다

  Sometimes, you just have to **take a chance on** something unknown.
  때때로, 당신은 미지의 영역에 모험을 걸어 봐야 한다.

  Despite his coach's doubts, he **took a chance on** entering the competition.
  감독의 의구심에도 불구하고, 그는 대회에 참가하는 모험을 걸어 보기로 했다.

My **father** / could have **been** a **great** comedian, / but he **didn't** believe that / **that** was **pos**sible for him. / And **so** / he **made** a con**ser**vative **choice**. / In**stead**, / he **got** a **safe job** / as an ac**coun**tant. / And **when** I was **12** years **old**, / he was let **go** / from that **safe job** / and our **fa**mily / had to **do** what**ever** we **could** / to sur**vive**.

I **learn**ed many **great les**sons / from my **father**, / **not** the **least** of **which** was that / you can **fail** / at what you **don't want**, / so you **might** as **well** / **take** a **chance** on **do**ing / what you **love**.

He **treat**ed my **talent** / as if it was his **se**cond **chance**. / **When** I was about **28**, / after a **de**cade / as a pro**fes**sional co**me**dian, / I **re**alized **one night** in **LA** / that the **pur**pose of my **life** / had **al**ways **been** / to **free peo**ple from con**cern**, / **just** like my **dad**.

제 아버지는 훌륭한 코미디언이 될 수 있으셨습니다. 하지만 그것이 불가능하다고 생각하셨지요. 그래서 아버지는 보수적인 선택을 하셨습니다. 대신에, 회계사라는 안정적인 직업을 얻었습니다. 그리고 제가 12살이 되던 해, 그 안정적인 직장에서 해고되었고 우리 가족은 살아남기 위해 할 수 있는 일이라면 무엇이든 해야 했습니다.

저는 아버지로부터 많은 교훈을 배웠는데, 그중에 가장 중요한 교훈은 바로 내가 원하지 않는 일에서도 실패할 수 있으니, 내가 좋아하는 일에 도전해 보는 편이 낫겠다는 것이었습니다.

아버지는 제 재능을 마치 당신의 두 번째 기회인 것처럼 여기셨습니다. 제가 코미디언으로 산지 10년이 지난 후, 28살이 되었을 때, 어느 날 LA에서 밤을 보내며 깨달았습니다. 제 인생의 목적은 바로, 아버지처럼, 사람들을 걱정에서 해방시키는 것이라는 사실을요.

짐 캐리 마하리시 국제 대학교 졸업식 축사

I can tell you from experience **the effect you have on others** is the most **valuable currency** there is. Because **everything you gain in life** will **rot and fall apart**, and all that will be left of you is what was in your heart. My choosing to free people from concern got me to **the top of a mountain**.

Like many of you, I was concerned about **going out into the world** and **doing something bigger than myself**, until someone smarter than myself made me realize that there is nothing bigger than myself. So let the universe know what you want and work toward it while **letting go** of **how it comes to pass**.

주요 표현 확인

valuable currency
귀중한 화폐, 값진 자산

everything someone gains in life 인생에서 얻는 모든 것

rot and fall apart 썩어 무너지다

the top of a mountain 산의 정상

go out into the world
세상 밖으로 나아가다

do something bigger than oneself 자신보다 더 큰 일을 하다

let go (잡고 있던 것을) 내려놓다, 버리다

핵심 패턴 연습

- **the effect one has on others** 다른 사람들에게 끼치는 영향

  Being polite can determine **the effect you have on others**.
  예의 바르게 행동하는 것은 당신이 다른 사람들에게 끼치는 영향을 결정할 수 있다.

  Saying kind words enhances **the effect you have on others**.
  친절한 말을 하는 것은 당신이 다른 사람들에게 끼치는 영향을 더 좋게 만들 수 있다.

- **how something comes to pass** ~이 어떻게 진행되는지

  She explained the cycle of the moon and **how it comes to pass**.
  그녀는 달의 주기와 그것이 어떻게 진행이 되는지 설명했다.

  I planted a mysterious seed in my garden and carefully observed **how it comes to pass**.
  나는 이름 모를 씨앗 하나를 우리 집 정원에 심고 그것이 어떻게 진행되는지 주의깊게 관찰했다.

I can **tell** you from ex**pe**rience **/** the ef**fect** you **have** on **o**thers **/** is the **most val**uable **cur**rency there **is**. **/** Because **e**verything you **gain** in **life /** will **rot** and **fall** a**part**, **/** and **all** that will be **left** of **you /** is **what** was in your **heart**. **/** My **choo**sing **/** to **free peo**ple from con**cern / got** me to the **top** of a **moun**tain.

Like many of you, **/** I was con**cern**ed about **/ go**ing out into the **world /** and **do**ing something **big**ger than my**self**, **/** until someone **smar**ter than my**self / made** me **re**alize **/** that there **is no**thing **/ big**ger than my**self**. **/** So **/ let** the **u**niverse know **what** you **want /** and **work** to**ward** it **/** while **let**ting **go** of **/ how** it **comes** to **pass**.

제 경험을 통해 여러분에게 드릴 수 있는 말씀은 이것입니다. 여러분이 다른 사람에게 미치는 영향은 그 어떤 것보다 가치 있는 화폐입니다. 왜냐하면 인생에서 얻는 모든 것은 썩고 부서져 없어지지만, 결국 썩지 않고 남는 것은 여러분 마음속에 있기 때문입니다. 사람들을 걱정으로부터 자유롭게 해 주겠다는 제 결심은 저를 산 정상으로 이끌었습니다.

여러분과 마찬가지로, 저 역시 세상에 나아가 저 자신보다 더 큰 일을 하려 할 때 두려웠습니다. 그러다 저보다 더 현명한 누군가가 저를 깨닫게 해 주었습니다. 제게 저 자신보다 더 큰 것은 없다는 것을 말이죠. 그러니 여러분이 원하는 것이 무엇인지 우주에 알리세요. 그리고 그 일이 어떻게 이루어질지에 대한 걱정은 접어 두고 그저 앞으로 나아가십시오.

짐 캐리 마하리시 국제 대학교 졸업식 축사

Your job is not to **figure out** how it's going to happen for you, but to open the door in your head. And when the door opens in real life, just walk through it. And don't worry if you **miss your cue** because there's always doors opening. They keep opening. And when I say, "Life doesn't happen to you, it happens for you," I really don't know if that's true.

I'm just **making a conscious choice** to **perceive challenges as something beneficial** so that I can deal with them **in the most productive way.** You'll **come up with your own style.** That's **part of the fun.**

After you walk through those doors today, you will only ever **have two choices**: love or fear. Choose love, and don't ever let fear **turn you against your playful heart.**

주요 표현 확인

figure out 파악하다

miss one's cue 신호를 놓치다

perceive challenges as something beneficial
도전을 유익한 무언가로 인식하다

come up with one's own style
자신만의 방식을 고안해 내다

part of the fun 재미의 일부

have two choices 두 가지 선택지가 있다

turn someone against one's playful heart
~의 쾌활한 마음을 뒤바꾸게 하다

핵심 패턴 연습

- **make a conscious choice** 의식적으로 선택하다

  I **make a conscious choice** to eat healthy food every day.
  나는 매일 건강한 음식을 의식적으로 선택한다.

  She **makes a conscious choice** to save money for her future.
  그녀는 미래를 위해 돈을 저축하는 의식적인 선택을 한다.

- **in the most productive way** 가장 생산적인 방식으로

  Using a to-do list helps me do my tasks **in the most productive way**.
  할 일 목록을 활용하는 것은 내 업무를 가장 생산적인 방식으로 하게 해 준다.

  Effective communication is key to resolving conflicts **in the most productive way**.
  효과적인 의사 소통은 가장 생산적인 방식으로 갈등을 해결하는 데 핵심 열쇠이다.

Your **job** / is **not** to figure **out** / **how** it's going to **hap**pen for you, / but to **o**pen the **door** / in your **head**. / And when the **door** o**pens** / in **real life**, / just **walk** through it. / And **don't** **wor**ry / if you **miss** your **cue** / because there's **always doors** o**pening**. / They **keep** o**pening**. / And when I say, / "**Life** doesn't **hap**pen **to** you, / it **hap**pens **for** you," / I **real**ly **don't know** / if that's **true**.

I'm **just** making a **con**scious **choice** / to per**ceive chal**lenges / as something bene**fi**cial / so that I can **deal** with them / in the **most** pro**duc**tive way. / You'll come **up** with your **own style**. / **That's** part of the **fun**.

After you **walk** through those **doors** to**day**, / you will **on**ly **ev**er / have **two choi**ces: / **love** or **fear**. / **Choose love**, / and **don't** ever let **fear** / **turn** you a**gainst** your **play**ful **heart**.

여러분이 해야 할 일은, 그 일이 어떻게 일어날지 알아 보는 것이 아니라, 마음의 문을 여는 것입니다. 그러다가 실제로 문이 열리면, 걸어 들어가는 것입니다. 그리고 문은 항상 열릴 것이니 혹여 신호를 놓쳤다 해도 걱정하지 마세요. 기회는 항상 옵니다. 그리고 제가 여러분에게 "인생은 여러분에게 닥치는 것이 아니라, 여러분을 위해서 펼쳐집니다."라고 말할 때, 그게 정말인지는 저도 잘 모르겠습니다.

저는 단지 도전을 유익한 것으로 인식하려고 의식적 노력을 할 뿐입니다. 그러면 그 도전들을 생산적으로 처리할 수 있습니다. 여러분 역시 여러분만의 해결책을 찾아낼 것입니다. 그것이 정말 재미있는 지점이에요.

오늘 여러분이 저 문을 통과한다면, 오직 두 가지 선택만이 있을 것입니다. 사랑할 것인가 두려워 할 것인가. 사랑을 선택하세요. 그리고 절대로 두려움이 여러분의 쾌활한 마음을 뒤바뀌게 하지 마세요.

● 연설문의 내용 중 기억하고 싶은 문장 또는 문단을 따라 적어 보세요.

● 위 구절이 마음에 와닿았던 이유도 자유롭게 적어 보세요.

낭독하는 명연설문 BOOK·1

1판 1쇄 2024년 5월 20일
1판 3쇄 2024년 12월 9일

지은이 이현석, 새벽달(남수진), 롱테일 교육 연구소
책임편집 김지혜 | **편집** 홍하늘
디자인 엘림, 오현정, 박새롬
마케팅 두잉글 사업 본부

펴낸이 이수영
펴낸곳 롱테일북스
출판등록 제2015-000191호
주소 04033 서울특별시 마포구 양화로 113, 3층(서교동, 순흥빌딩)
전자메일 team@ltinc.net
롱테일북스는 롱테일㈜의 출판 브랜드입니다.

ISBN 979-11-91343-65-6 13740